사회민주주의란 무엇인가

국립중앙도서관 출판시도서목록(CIP)

사회민주주의란 무엇인가
/ 잉바르 카를손, 안네마리에 린드그렌 지음
; 윤도현 옮김. -- 서울 : 논형, 2009 p. ;   cm

원표제: What is social democracy
원저자명: Gosta Ingvar Carlsson,
Anne-Marie C-hristina Lindgren

색인수록
ISBN 978-89-6357-800-2 94330 : ₩13000

사회 민주주의[社會民主主義]

301.65-KDC4
320.5315-DDC21   CIP2009001063

사회민주주의란 무엇인가
What is Social Democracy

잉바르 카를손 · 안네마리에 린드그렌 지음, 윤도현 옮김

What is Social Democracy–A Book about Social Democracy
by Ingvar Carlsson·Anne-Marie Lindgren (Stockholm, 1996)

사회민주주의란 무엇인가

지은이 잉바르 카를손·안네마리에 린드그렌
옮긴이 윤도현

초판 1쇄 발행 2009년 4월 10일
초판 2쇄 발행 2013년 10월 10일
초판 3쇄 발행 2021년 1월 30일

펴낸곳 논형
펴낸이 소재두
편 집 김현경
표 지 김예나
홍 보 박은정
등록번호 제2003-000019호
등록일자 2003년 3월 5일
주 소 (07261) 서울시 영등포구 당산로 29길 5-1 502호
전 화 02-887-3561
팩 스 02-887-6690
ISBN 978-89-6357-800-2 94330
값 13,000원

사회민주주의란 무엇인가

이 책의 원제는 "사회민주주의란 무엇인가?—사회민주주의에 관한 책(*What is Social Democracy-A Book about Social Democracy*)"으로 스웨덴 사회민주당에서 사회민주주의에 대한 이해를 돕기 위해 만든 해설서다. 지난 2007년 위의 두 저자는 다시 "사회민주주의란 무엇인가?—이념과 도전에 관한 책(*What is Social Democracy-A Book about Ideas and Challenges*)"(Ingvar Carlsson · Anne-Marie Lindgren, Stockholm, 2007)을 펴낸 바 있다. 위의 두 책은 내용이 당연히 중복되는데, 앞의 책이 주로 사회민주주의의 핵심가치와 주요정책 등을 중심으로 사회민주주의 전반에 대한 소개를 하고 있다면, 뒤의 책은 스웨덴 사회민주당의 역사, 사회민주주의 이념의 발전 및 전개 등에 보다 초점을 맞추고 있다. 따라서 위의 두 책 중에서 일단 사회민주주의 전반에 대한 이해를 돕기 위해서는 앞의 책이 더 효과적이라는 판단에서 앞의 책을 번역하게 되었다.

　사회민주주의는 우리나라에서는 비교적 낯선 이념이지만, 유럽의 대부분 나라에서는 19세기 말, 20세기 초부터 중요한 정치이념 중의 하나로 꾸준히 내려왔다. 이 이념은 한편으로는 독재적 공산주의와 대립하면서 그리고 다른 한편으로는 시장만능 자본주의와 대립하면서 발전해 왔는데, 대부분의 학자들은 유럽의 여러 나라들이 높은 수준의 복지국가로 발전할 수 있었던 요인으로 사회민주주의 이념의 확산과 사회민주주의 정당의 성장을 가장 먼저 꼽고 있다. 그리고 지금도 여전히 유럽의 대다수 국가에서는 사회민주주의 정당들이 집권을 하고 있거나 제1 야당의 위치를 굳건히 차지하고 있는 실정이다.

　그러나 이런 강력한 이념인 사회민주주의는 한국 사회에서 그동안 좌우 양쪽으로부터 공격과 비판을 받아오면서 무시되기 일쑤였다. 즉 우파 보수주의적 관점에서는 공산주의와 유사한 아주 '불온한' 사상으로, 좌파 급진주의적 관점에서는 자본주의를 개혁이라는 이름으로 포장한 것에 불과한 '부르주아적' 사상으로 취급되고 매도되었던 것이다. 이러한 상황은 과거나 지금이나 크게 달라진 것이 없는 듯하다. 예를 들어 우리사회에서 "한국은 복지국가로 나아가야 한다"는 주장에 대해서는 거의 전 국민이 동의하지만, 선진 복지국가의 가장 중요한 이념적 토대인 "사회민주주의를 한국에서도 추구해야 한다"라고 주장하면 좌우를 막론하고 대부분 동의하지 않는다. 이러한 상식적으로 이해하기 힘든 현상은 결국 우리가 그동안 사회민주주의라는 이념에 대해 얼마나 잘못 알고 있는가를 분명히 보여주는 사례라고 역자는 생각한다.

바로 이러한 관점에서 이 책이 우리사회가 사회민주주의에 대한 불필요한 오해를 줄이고, 사회민주주의에 대한 올바른 이해를 가지는데 조금이나마 도움이 되기를 희망한다. 더구나 지난 2008년 미국에서 촉발된 전 세계적 금융위기와 경기침체는 '고삐 풀린' 자본주의체제가 얼마나 큰 문제를 가지고 있는지, 그리고 결코 우리사회의 대안이 될 수 없음을 분명히 보여주었다. 오랫동안 신자유주의자들은 탈규제화된 자본주의만이 유일한 대안이라고 강요하다시피 주장했는데 이제 그러한 주장은 새빨간 거짓말임이 드러났다. 다수의 사회구성원들이 살고 싶어 하는 사회는 무한 경쟁을 강요하고, 양극화를 가속화하는, 탈규제화 된 시장만능 자본주의가 아니다. 따라서 이 기회에 사회민주주의의 이념과 정책에 대한 논의가 우리사회에서도 보다 활발히 전개되었으면 하는 바람이다.

　　역자가 이 책을 처음 접한 것은 2002년 즈음이었다. 당시 역자는 한국사회민주주의연구회의 일원으로서 우리사회에 사회민주주의를 소개하고 알리는 일에 관심을 두고 있었는데, 이 책이 한국에 사회민주주의를 보다 쉽게 제대로 소개하는데 아주 적합한 책이라고 생각했었다. 그러나 이러저런 일로 이 책의 번역에 대한 생각을 잊었다가, 지난 겨울에야 본격적인 번역작업에 착수하게 되었다. 늦은 감이 없지 않지만, 이제라도 이 책이 번역되어 나온 것을 다행으로 생각한다. 하지만 다른 한편으로—역자의 천학으로 인한—오역에 대한 우려도 남거니와, 있을 수 있는 오역에 대해서는 독자 여러분께서 가차 없는 지적을 해 주시길 부탁드린다. 마지막으로 이 책의 번역에 성원을 보내주신 '한국

사회민주주의연대'의 회원 여러분들 그리고 이념 서적이 잘 팔리지 않는 이 시대에 이 책의 출판을 흔쾌히 맡아주신 논형출판사의 소재두 사장님과 편집부에도 깊은 감사를 드린다.

2008년 가을

윤도현

서문

　모든 사회민주주의자들은 "사회민주주의는 무엇을 추구하는가"라는 질문에 대해 각각 저마다의 개성적인 답변을 가지고 있다. 사회민주주의당은 모든 당원이 무조건 추종해야만 하는 경직된 교리체계를 가진 정당이 아니며, 과거에도 결코 그런 적이 없었다.

　그러나 백 년이 넘는 세월을 거치면서 논쟁과 실제적 정치 경험을 통해 다듬어진 사민주의의 역사적 이념 체계가 있고, 이것이 바로 당의 활동에 토대를 제공하고 있다. 그리고 이렇게 정리된 이념들은 사회에 대한 가치관뿐만 아니라 사회에 대한 분석도 다루고 있으며, 오늘날 사회를 위한 실제적 정책들은 물론 미래의 사회에 대한 희망도 다루고 있다.

　이 책은 바로 이러한 전통적으로 내려온 사회민주주의 이념들을 다루고 있다. 다시 말해 사회민주주의 이념들은 어떻게 발전되어 왔으며, 또 오늘날에는 어떤지 그리고 나아가 현재 우리사회가 진입한 사회변동의 시대를 이해하는 데 이 이념들은 얼마나 유용한가 하는 것들을 다루고 있다. 이런 측면에서 볼 때, 이 책은 사회민주주의 내부의 이념을 둘러싼 현재의 논쟁은 물론 역사적으로 형성된 이념 체계를 이해하기 위한 입문서이다. 그리고 이 책은 "사회민주주의는 무엇을 추구하는가"에 대한 개인적 차원의 답변이기도 하다.

1996년 8월 스톡홀름에서

잉바르 카를손 · 안네마리에 린드그렌

차례

들어가며

18세기 말에 노르쾨핑Norrköping*은 스웨덴에서 가장 큰 산업도시 중 하나였는데, 그곳에는 섬유공장들이 주로 있었다. 1894년 당시 약 4000명의 남녀들이 노르쾨핑의 섬유공장에서 일했다. 모직 공장에서 노동자 일인당 연평균 생산 가치는 2696크라운**이나 되었지만, 방직기 앞에서 일하는 여성 노동자의 연평균 임금은 500크라운이 채 안되었다. 하루 노동시간은 10시간에서 11시간이었으며, 일주일에 6일을 꼬박 일해야만 했다. 공휴일은 없었고, 크리스마스와 한여름에 2, 3일 정도

---

* 스웨덴 수도인 스톡홀름 남쪽에 위치한 해안 도시—역주.
** 당시 화폐단위. 일반적으로 왕관의 모양을 박은, 영국의 5실링짜리 은화를 지칭함. 현재 스웨덴에서 통용되는 화폐인 크로나(Krona)는 1551년 이후 영국에서 발행한 은화 크라운(Crown)에서 따온 것이다. 참고로 1크로나는 2006년 말 현재 우리 돈으로 약 140원 정도—역주.

쉬는 것이 전부였다.

사람들은 빠듯한 임금으로 간신히 생활을 꾸려 나갔다. 이들은 모직 원료로 고운 털실을 만들었지만 결코 그 털실을 살 수가 없었다. 1894년 섬유산업 노동자들의 생활 상태를 다룬 한 통계조사에 의하면, 작업 감독들만이 방 하나에 부엌 달린 집보다 더 큰 집에서 살 수 있었다. 반면 노동자의 삼분의 일이 대부분 가족과 함께, 이른바 '아이언 스토브 방 iron-stove room', 즉 별도의 부엌이 없는 단칸 아파트에서 살았던 것을 보면 당시의 주거환경이 어떠했는지 짐작할 수 있다. 당시 가계부를 살펴보면, 사람들은 오트밀로 쑨 죽, 콩, 감자 그리고 청어로 만든 아주 소량의 음식을 먹으며 간신히 살았음을 알 수 있다. 당연히 많은 사람들은 영양실조에 시달렸다. 그 도시의 보건 담당관이 쓴 보고서에는 건강에 해로운 당시 작업장의 환경에 대한 기록이 남아있다. 기계작업 중에 많은 이들이 산업재해를 당하는 것은 물론이고, 실 먼지가 만성적인 감기, 심할 경우 폐질환, 결핵, 위장장애를 유발했던 것이다. 당시 섬유산업 노동자의 평균수명은 겨우 40세를 갓 넘을 정도였다.

아이들은 6년제 초등학교에 다녔다. 초등학교를 마친 다음에는 당연히 일자리를 구해서 가족의 생계에 기여하지 않으면 안 되었다. 섬유산업에서 12살 노동자는 1년에 약 150~200크라운을 벌어서 가계에 보탬을 주었다.

매우 소수의 사람들만이 투표권을 가졌다. 의회선거와 지역선거에 참여할 수 있는 권리는 연소득이 800크라운이 넘는 사람들로만 제한되어 있었다. 작업감독 정도의 소득이라야 가능했다.

게다가 노동조합에 가입하려는 자는 곧바로 해고되는 위험을 감수해야만 했다.

이러한 것들은 스웨덴 노동운동 출범의 배경을 보여주는, 단순하면서도 핵심적인 사실들이다. 1800년대의 기술의 발전 그리고 이러한 발전을 가능하게 했던 대량 산업생산 체제는 어마어마한 부를 창출했지만, 이 부는 매우 불평등하게 분배되었다. 불의가 현실에서 판을 쳤고, 대부분의 사람들은 극단적 빈곤으로 떨어지기 직전의 상황에서 생활했다. 병이라도 오래 걸리면 가난한 가계 재정은 바닥나기 일쑤였고, 경기침체는 곧 바로 해고를 의미했다. 늙거나 일할 수 없게 된 사람들에게 남아있는 유일한 선택은 구빈원poor-house으로 가는 것 뿐이었다.

노동운동은 이러한 가난, 굴욕, 불의라는 가혹한 경험에서 생겨났다. 이러한 노동운동이 저항할 수 있는 구조를 제공하고 또 정치적 약진을 가능하게 한 노동조직을 만든 것은 사회주의 이념이었다.

이념의 뿌리

사회민주주의 이념은 여러 개의 다른 뿌리를 가지고 있다. 그런데 자유, 평등, 형제애 등 기본적 가치들은 프랑스 혁명의 구호들에서 나타난다. 이것들은 다시 모든 인간은 평등한 가치를 지닌다는 이념으로부터 나온 것이다.

그런데 새로 생겨난 노동운동의 이념은 가치관의 문제만을 다루는 것은 아니었다. 그것은 사회를 어떻게 분석할 것인가, 즉 왜 사회 내에 불공정이 생겨났는가를 제대로 설명할 수 있는 이론 모델과도 깊은 관련이 있었다. 그 기본적 형태로서 사회에 대한 이러한 분석은 프리드리히 엥겔스와 칼 마르크스에 의해 행해졌는데, 그것은 역사철학과 경제학 그리고 사회학을 종합한 것이었다. 사회주의 사상으로 표현된 정치적 신념에서의 다양한 사상적 노선들—그런데 사회주의라는 표현은 오해의 소지가 아주 많았다. 왜냐하면 다양한 사상적 노선들은 저마다 강조하는 내용들이 아주 달랐기 때문이다—은 후에 마르크스주의에 무언가를 더하기도 하고, 또 빼기도 하면서 마르크스주의 모델을 발전시켜 나갔다.

　마르크스주의 모델에서 중요한 것 중 하나는 역사에 대한 유물론적 시각이다. 이 의미를 간단히 말하자면, 사회("사회적 상부구조")의 발전 가능성을 규정하는 것은 생산력(테크놀로지와 노동조직)의 발전이라는 것이다. 이 입장은 사회주의 목적을 실현하기 위해서는 경제구조에서의 근본적 변혁이 필요하다는 결론으로 이어진다. 즉 생산수단이 소수의 자본 소유자들의 사적 이윤을 위해서가 아니라, 산업에서 일하는 수많은 다수의 이익을 위해 통제될 때에만 인류는 비로소 자유와 평등을 얻을 수 있다는 것이다.

　그런데 이러한 집단적 통제가 어떤 모습으로 만들어져야 하고 또 어떤 방식으로 실현되어야 하는가의 문제는 비록 '사회주의자'라는 상표가 공히 붙었지만, 정치적으로 서로 다른 집단들 간의 격렬한 갈등을 야기하는 문제가 되어왔다. 초창기부터, 마르크스 자신의 경우에서처럼, 정답은 생산수단—즉 토지, 자본, 공장, 원료 등—에 대한 사적 소유는 폐지되어야 하고 노동 대중들이 이 소유를 떠맡아야 한다는 것이었다. 그런데 정작 마르크스 자신은 이러한 집단적 관리가 어떻게 만들어져야 하는가에 대해 모호한 입장을 취했다. 하지만 이 모호성은 나름대로 신중한 고민에서 나온 것이었다. 왜냐하면 마르크스는, 그 자신이 직접 표현했듯이, 미래에 '무료급식시설'을 다시 만들기 위해 집필을 한 것이 아니었기 때문이다. 1800년대 기간 동안 광범위한 사회주의 운동 진영에서 집단적 소유를 어떻게 실제적으로 디자인할 것인가 하는 문제는 논쟁에서 결코 주도적인 역할을 하지 못했다. 이보다 현실적으로 더욱 시급한 문제, 즉 어떻게 노동계급이 자신이 속한 사회에서 권력을 장악할 수 있을까 하는 문제가 더 중요했지 권력을 장악하고 난 이후에 어떻게 행동해야 하는가의 문제는 부차적 관심사일 수밖에 없었다.

개혁이냐 혁명이냐?

이 주제를 둘러싸고 노동운동은 두 개의 경향, 즉 혁명적 경향과 개혁주의적 경향으로 나뉘었다. 혁명을 강조하는 입장은, 권력은 기존 체제에 대한 폭력적 전복을 통해서만 획득될 수 있으며, 이러한 폭력적 전복 속에서 사람들은 사회를 근본적으로 변화시키는 전반적 과정을 시작할 수 있다고 주장했다. 한편 개혁주의적 입장은, 정반대로 권력은 평화적 방법으로 획득될 수 있고, 사회는 점진적인 개혁을 통해서 변화될 수 있다고 주장했다.

그런데 역사적 관점에서 볼 때, 우리는 이러한 시각들이 사회주의 정당들이 해당 사회에서 활동하는 데 가능했던 외부적 조건들에 의해 얼마나 좌우되었는지를 알 수 있다. 차르Tsar* 경찰 당국에 의해 철저하게 탄압받거나 망명을 강요당했던 러시아 사회주의자들은 혁명적 방식을 선택했다. 그러나 사회주의자라는 이유로 기존 권력에 의해 러시아 사회주의자들과 마찬가지로 탄압받고 곤욕을 치르긴 했지만, 기존 체제의 틀 내에서 활동하고 성공을 이룰 수 있었던 서유럽의 사회주의자들은 개혁의 길을 선택했다.

그런데 이처럼 어떤 행동 경로를 선택하는 것은, 정치적 권력을 획득하게 된 이후의 당의 이데올로기적, 정치적 발전에 결정적 영향을 미친다. 혁명적 입장에서는 공산당이, 그리고 개혁주의적 입장에서는 사회민주당이 나왔다. 그 후의 발전 양상은 매우 다른 경향들로 나타났다. 공산당은 일당 지배 모델, 즉 실제로는 독재정치와 중앙집권화 된 국가통제 경제를 선택했다. 사회민주당은 민주주의와 다당제 그리고—사회적으로 바람직한 것을 보장하기 위해—정치적 결정에 의해 규제되는 시장 경제를 선택했다.

소유를 보는 관점

집단적 소유에 관해서는 두 가지 별도의 이론적 모델이 1800년대에 개발되었다. 한 모델은 집단화는 국유화라는 프로그램 속에서 실행되어야 한다는 주장, 즉 모든 시민의 공적 기관으로서의 역할을 맡은 국가가 생산수단의 소유권을 가져야 한다는 주장을 하였다. 이 모델은

*라틴어의 '카이사르(caesar)'에서 나온 말. 중세의 슬라브계 나라들에서 일반적으로 국왕을 의미하는 뜻이었는데, 후에 주로 러시아 황제를 일컫는 칭호로서 사용되었다—역주.

이후 소련에서 실천에 옮겨졌고, 또 동유럽의 여러 계획경제에서 실행된 바로 그 모델이다. 오늘날 일반적으로는 이 모델을 '사회주의'로 간주한다. 하지만 이 모델이 생겨난 역사적 배경을 감안한다면, 이것은 사회주의를 지나치게 단순화 한 것이다.

다른 모델은 집단적 소유는 노동조합을 통해서 조직화 되어야 한다는 입장을 취했다. 이러한 사상적 노선은 생디칼리즘syndicalism이라 부르는데, 이 용어는 프랑스어에서 노동조합을 지칭하는 'syndicat'에서 유래한 것이다. 이 노선의 한 부류는 '노동자 협동적 소유 회사'를 주장하는 입장이다. 이러한 이념들은 한 번도 실제 정책으로 나타나지는 못했지만, 종종 산업민주주의로 불렸던 이슈에 관한 논쟁에서 큰 역할을 하였다. 이 논쟁은 스웨덴 사회민주주의자 진영 내에서는 '좋은 일자리'를 둘러싼 논쟁으로 발전하기도 하였다.

1900년대에는 유럽의 사회민주주의 운동, 특히 스웨덴의 사회민주주의 운동 내에서 제3의 사상적 모델이 개발되었다. 이 모델은 흔히 혼합경제로 알려져 있는데, 여기서는 모든 관심사가 생산수단의 소유라는 관점으로부터 (노동자 계급이-역주) 권력을 행사하기 위한 권리의 확보라는 관점으로 이동하였다.

여기서 강조하는 것은 생산수단의 집단화—국유화—는 결코 최종 목적이 아니며 그것은 하나의 방법일 뿐이라는 점이다. 사적 소유권이 폐지되어야 하는 이유는 그것이 억압과 불공정을 낳는 원인이기 때문이라는 것이다. 따라서 이러한 억압과 불공정이 폐지되는 것이 중요하지, 국유화 그 자체가 중요한 것은 아니라는 입장이다.

1917년 혁명 이후 소련에서 전개된 실제적 체험들은 두 가지 사실을 분명하게 보여 주었다. 하나는 생산수단의 집단화가 이루어졌지만, 억압은 사라지지 않았다는 사실이다. 그것은 사실상 한 형태의 억압이 다른 형태의 억압으로 바뀐 것에 지나지 않았다. 또 하나는 전반적으로 국유화된 기업구조가 식량, 의복, 주택, 가구 그리고 작업 도구와 같은 재화들에 대한 사람들의 욕구를 충족시키지 못하고, 결국 이에 필요한 효율성 측면에서 매우 현실적인 어려움을 야기했다는 점이 분명해졌다는 사실이다. 이와 관련하여 구스타프 묄러Gustav Möller*는 1918년에 쓴 어떤 글에서 다음과 같이 지적했다. 사람들이 사회주의적 생산제도를 지지해야 하는 유일한 이유는 그들의 삶이 그 제도하에서 진정으로 더 나아질 수 있을 것으로 보았기 때문이라는 것이다. 그런데 삶이 더 나빠지기만 한다면, 왜 굳이 새로운 사회제도를 세웠냐는 것이다.

　　1920년 사회민주당 정부에 의해 창설된 이른바 '사회화 위원회socialisation committee'에서 얻은 스웨덴의 고유한 경험을 통해 사람들은 위의 지적과 아주 유사하게 소련에서의 문제를 지적했다. 집단적 소유에 대한 일반적, 원칙적 요구들이 실제적인 고려의 문제, 즉 어떻게 집단적 소유가 구체적인 방식으로 조직화 될 수 있을 것인가 하는 문제로 옮겨가면서 결국 매우 엄청난 어려움들만 양산했다는 것이다.

　　일반적으로 말해서 이것은 고전적 사회주의 이론들의 약점이라고

* 구스타프 묄러(1884~1970). 스웨덴의 보건복지부 장관을 여러 번(1924~26, 1932~36, 1936~38, 1939~51) 역임한 사회민주당 출신 정치가.

할 수 있다. 이 이론들은 경제를 거시적 차원 그리고 권력과 재분배라는 관점에서만 다룬다. 이 이론들은 경제의 근간을 이루는 개별 기업들이 어떻게 하면 급변하는 소비자들의 욕구에 부응하면서 효율적으로 또 문제없이 작동될 수 있을 것인가 하는 문제 등의 구체적 문제들을 철저히 무시한다. 마르크스는 국민경제학자였지, 기업경제학자는 아니었다. 경제성장(이것은 다시 복지와 사회보장을 실시하기 위한 전제조건이다)을 위한 유리한 조건들을 창출하는 문제를 주로 다루는 실제적 정치라는 관점에서 볼 때, 기업 경제라는 문제를 피해갈 수 있는 방법은 없다. 위에서 언급했던 구스타프 묄러의 글을 인용하자면, "우리는 목발에 기대고 있는 생산 시스템을 가지고는 사회주의를 결코 실행할 수 없다".

고전적 이론들이 답변을 제공하지 않는 지점이 바로 여기다.

1920년대에 사회민주주의 내의 이론적 논쟁은 국유화에 대한 비판적 검토와 그에 대한 대안의 모색에서 출발하였다. 이 주제와 관련한 대표적 논자는 닐스 칼레비Nils Karleby*였는데, 그는 '사회화 위원회'의

*닐스 칼레비(Nils Karleby; 1892~1926) 1910년대 후반에서 1920년대 중반에 걸쳐 활동한 사민주의 청년 이론가로서, 스웨덴 사민주의운동의 개혁주의 노선을 정착시키는 데 중요한 역할을 담당한 인물이다. 이른바 '기능사회주의' 노선의 이념적 원조로서 그는 소유권을 서로 분할 가능한 권리요소들의 집합으로 파악하였다. 따라서 소유권 전체를 단번에 사회화하는 대신, 국가의 입법조치 등을 통해 소유권을 구성하는 권리요소들을 조금씩 부분적으로 사회화 해가는 것이 가능하다고 보았다. 또 여덟 시간 노동법이나 노동자안전보호법과 같은 입법조치들도 노동력의 사용에 대한 자본가의 의사결정권에 제약을 가한다는 점

위원장이었다. 이러한 이론적 논쟁과 동시에 또 하나의 논쟁거리가 있었는데, 그것은 1920년대의 대량실업 문제를 어떤 방법으로 해결할 것인가 하는 것이었다. 즉 실제로는 기존의 경제이론들이 가정하는 것보다 상당히 더 국가의 능동적인 역할을 강조하는 새로운 종류의 경제정책을 둘러싼 논쟁이었다.

이 논쟁에서 에른스트 비그포르스Ernst Wigforss*와 군나르 뮈르달

에서 일종의 부분적 사회화 조치로 볼 수 있다고 주장하였다. 1960년대 후반에 사민주의 계열의 경제학자 아들러 - 칼손(Gunnar Adler-Karlsson)은 칼레비의 입장을 계승하되, 다만 소유권을 다양한 '기능'들의 집합으로 규정함으로써, 소유권을 구성하는 기능들을 단계적으로 사회화해가는 점진적 사회화전략을 '기능사회주의'라 개념화하였다. 실천적으로는 기능사회주의론은 생산수단의 사적 소유 자체는 인정하되, 주로 조세정책과 사회복지정책을 통해 소득과 소비의 균등분배를 달성하는 데에 주력해온 스웨덴 사민주의 세력의 경제 - 사회정책을 일종의 사회화 노선에서 이념적으로 정당화하는 기능을 수행하였다. 신정완, 「임노동자 기금논쟁을 통해 본 스웨덴 사회민주주의의 딜레마」, 『동향과 전망』 1999년 봄·여름 합본호/통권 41호 참조─역주.
* 에른스트 요한네스 비그포르스(1881~1977) 언어학자에서 출발하여 스웨덴 사회민주당 출신으로 재무장관을 오랫동안(1925~26, 1932~1949) 역임하였다. 그 후에도 반핵운동에 앞장서는 등 훌륭한 정치인으로서 존경을 받았다. 그는 스웨덴 사회민주당이 개혁주의로 발전하는 데 중요한 역할을 한 주요 이론가 중 한 명이었는데, 이념적으로는 영국의 '페이비안 협회'와 '길드사회주의'에 가까웠다. 일부에서는 비그포르스의 경제정책이 케인즈 경제학의 영향을 강하게 받았다고 주장하지만, 당시 케인즈와 비슷한 경향을

Gunnar Myrdal* 같은 사회민주주의자들은 매우 훌륭한 역할을 해냈다. 하지만 이 논쟁은 사회민주주의 진영 내에서만 일어났던 것은 아니다. 몇몇 자유주의 경제학자들—그들 중에는 나중에 국민당Folkpartiet을 이끈 베르틸 올린Bertil Ohlin**도 있었다—역시 중요한 기여를 하였다. 그러나 사회민주주의 진영 내에서 이 새로운 경제 이념은 이것이 사회발전에 미치는 영향력이라는 측면에서 이론적으로 검토되기에 이르렀고, 바로 여기로부터 사회민주주의 이념 모델의 근간이 되는 것들이 만들어졌다. 여기서 논쟁의 중심을 차지했던 문제는 소유에 대한 형식적 권리의 문제 보다는 사회적 영향력을 확대할 수 있는 권리 확보의 문제였다.

1800년대 시기의 사적 소유에 대한 비판은 소유권이 실제적 권력 을 보장하고 있었다는 사실과 연관해서 바라보아야 한다. 회사에서 고 용주는 임금, 노동시간, 그리고 여타 고용조건들에 대해 무제한의 권력

보인 군나르 뮈르달과 스톡홀름 학파의 영향을 받았다고 보는 것이 보다 더 정확할 것이다(wikipedia 참조) -역주.
* 카를 군나르 뮈르달(1898~1987) 스웨덴의 경제학자이며 정치가로서 1974년에 노벨 경제학상을 수상하였다. 사회 민주당 국회의원을 지냈으며, 무역부장관(1945~1947)을 역임하였다. 그는 1944년에 발표한 연구 「미국의 딜레마: 흑인문제와 현대민주주의」로도 유명한데, 이 연구는 1954 년 미국 대법원이 공립학교에서의 인종차별을 금지하는 결 정을 내리는 데 큰 영향을 주었다(Wikipedia 참조)-역주.
** 베르틸 올린(1899~1979) 스웨덴의 경제학자이며 정치 가. 1929~1965년까지 스톡홀름 경제학 대학 교수였으며, 1944년부터 1967년까지 당시 가장 큰 야당이었던 스웨덴 국민당의 지도자였다. 국제무역과 국제자본 이동에 관한 연구로도 유명하다(Wikipedia 참조)-역주.

을 행사했다. 정치적 권력조차도 잘사는 사람들에게만 주어졌다: 즉 선거권을 가지려면 일정 수준 이상의 자산이나 수입이 요구되었는데, 대부분의 노동자들은 이 기준을 넘을 수가 없었다. 마찬가지로 공장에서 노동자들의 권리 문제를 제기하는 사람들은 즉석에서 해고되는 위험을 감수해야 했으며, 또 정치적 과두 지배체제에 항거하는 자들 역시 탄압, 심지어는 투옥도 각오해야만 했다. 초기 노동운동 지도자들의 대부분은 활동 중 언젠가는 반드시 재판받고 투옥되기 일쑤였다. 이들이 유죄선고를 받은 죄명은 주로 '불경죄', '국왕모독죄', 그리고 '의회모독죄' 같은 것들이었는데, 이러한 죄명 씌우기 그 자체가 당시 무엇이 중요했는가를 너무도 명백하게 보여준다. 즉, 그것은 기존 사회질서에 대한 비판이었다.

하지만 정치적으로 뿐만 아니라, 노동조합에서도 노동운동의 힘이 점차 성장하면서 정치권력과 경제적 소유 간의 연결고리는 생산수단의 국유화라는 방법이 없이도 깨트릴 수 있다고 생각하게 되었다. 정치적 권력이 투표권과 연결되어 있고, 더 이상 소유권과 연결되지 않게 되자, 입법과 경제정책은 사회보장과 정의를 원하는 대중의 요구를 위해 사용될 수 있게 되었다. 노동조합 조직이 더 강해졌을 때, 노동자들은 임금과 노동조건의 문제에서 자본가에 맞서서 자신들의 이익을 증진시킬 수 있었다. 그리고 임금으로 분배되는 몫이 증가함과 더불어 노동자들은 기업에 맞서서 소비자로서의 자신들의 이익도 더욱 더 증진시킬 수 있었다.

다시 말해서 강력한 중앙집중적 체제가 가졌던 정치적, 경제적 어려움에 처하지 않고도 불공정과 착취에 맞서서 싸우는 것은 가능했었다. 그리고 단 하나의 정당만을 허용하고, 사회와 경제가 어떻게 조직되어야 하는가에 대해 단 하나의 견해만을 허용하는 그런 체제에서 불가피하게 생겨나는 새로운 형태의 억압을 굳이 감수할 필요가 없게 되었다.

이러한 주장은 물론 사회 내의 모든 불공정과 모든 문제들이 사라졌다는 것을 의미하는 것은 아니다. 갈등이 없는 완전무결한 해결책은 현실에서 결코 존재하지 않는다. 하지만 사회민주주의 모델은 권력의 축이 자본가 쪽에서 노동자 쪽으로 이동했다는 것을 의미하고,—민주주의와 사회적 영향력에 대한 기본적 요구는 말할 것도 없이—자유, 평등, 경제적 안정 그리고 사회 정의 같은 목표들이 이른바 '정통orthodox' 사상 노선을 추종했던 나라들에서 보다도 훨씬 더 많이 실현되었다는 것을 의미한다.

그런데 오늘날 우리는 국제적 차원에서의 변동 결과, 권력의 축이 다시 반대 방향으로 움직이기 시작했음을 볼 수 있다. 경제의 세계화는 여러 면에서 소유권과 자본이 사회와 개인들에 대해 자신들의 권력을 증대시키고 있다는 것을 의미한다. 이제 미래를 향한 도전에서 현재 가장 중요한 것은 우리들로 하여금 그 권력을 다시 되찾을 수 있도록 해주는 새로운 정치적 수단들을 발견하는 것이다. 단 민주주의를 억압하는 그런 체제로 가서는 결코 안 된다.

자유

자유를 얻기 위한 운동들은 역사의 모든 시대에 다양하게 존재했다. 고대의 노예반란, 중세시대의 농민들의 봉기, 1600년대의 종교전쟁, 1800년대 유럽에서의 민족해방운동 등이 그 예다.

하지만 과거에 자유라는 말은 우리가 오늘날 생각하는 자유와 항상 같은 의미로 쓰인 것은 아니었다.

스웨덴의 국왕들은 교황의 패권으로부터 벗어나기 위해 프로테스탄트 교회의 권리를 옹호하며 전쟁터에 나갔지만, 정작 자신의 나라에서는 다른 형태의 모든 종교들을 박해하였다. 또 1800년대의 민족해방운동들은 다른 나라의 지배로부터 자신의 조국을 해방시키는 것을 목표로 했다. 그러나 일단 해방이 되고 나서는 자신의 국경 안에 있는 다른 소수 민족들을 가혹하게 다루었으며, 새로이 등장한 독재자들은 자신들의 권력에 저항하는 모든 봉기들을 무력으로 진압하였다.

1700년대와 1800년대 유럽에서 새로이 부상하는 상공인 계급들은 모든 법과 규제로부터의 자유를 요구했었다. 특히 상층 지주계급만이 가지고 있던 특권들의 폐지를 요구했는데, 이는 그 특권들이 교역과 생산의 발전에 장애가 되었기 때문이다. 하지만 노동자들이 임금, 노동조건과 관련하여 상공인들에게 협상을 요구하기 시작하자 자유에 대한 요구는 갑자기 과거의 일이 되고 말았다.

에른스트 비그포르스Emst Wigforss가 말했듯이, "자유? 좋다! 그러나 누구를 위한 자유인가? 그리고 무엇을 위한 자유인가?"가 중요하다.

'자유'라는 용어는 여러 차원의 의미를 지니고 있다. 보수주의자들과 신자유주의자들이 집단적 결정에 맞서는 의미로서 개인의 자유에 대해 말할 때, 자유는 그들이 이해하고 있는 것처럼 그렇게 단순한 개념이 전혀 아니다.

어느 개인도 다른 사람과 무관하게 자신의 생활을 완벽하게 영위할 수는 없다. 이것은 인간이 일반적으로 사회적 동물이기 때문만은 아니다. 이것은 우리가 생존하기 위해서 그리고 보다 나은 생활을 위해서는 다른 사람들과의 협력에 얼마나 크게 의존하고 있는가 하는 문제다. 어느 누구도 완전히 자력으로 자신의 집을 혼자서 짓고, 입을 옷을 만들고, 음식을 구하고, 배관공사를 하고, 이용할 교통수단을 직접 만들고 또 병을 치료할 수는 없다. 만약에 개인들이 바로 위에 말한 이 모든 것을 필요로 한다면, 그리고 굶주림, 추위, 질병으로부터의 자유가 필요하다면, 각 개인들은 서로 다른 사람들과 협력해야만 한다. 또는 다른 식으로 표현하자면, 집단적 해결의 필요성이 존재한다는 것이다. 이렇게 볼 때,

집단적 해결은 개인의 행동 자유 그리고 개인의 생활 유지에 있어서 반드시 필요한 전제조건이다.

그러나 이러한 집단적 해결은 다시 집단이 제대로 기능하는 데 필요한 규칙들을 각 개인들이 받아들일 것을 요구한다. 다른 사람들의 행동이 우리들에게 영향을 미치듯이, 우리 자신의 행동은 다른 사람들에게 영향을 미친다. 바로 이런 이유로 인해 우리가 함께 살고, 각자의 다른 행동에 상호의존하고 있는 이 사회는 누구나 지켜야 하는 규칙에 근거해야만 한다. 그리고 이러한 규칙이 준수되려면 규칙 자체가 사회 내의 일부 성원이 아닌 모든 구성원을 고려해서 만들어져야만 한다.

따라서 개인이 추구하는 자유에 대한 요구와 다른 사람의 자유를 보호하기 위해 필요한 모든 개인들의 자유에 대한 제한 사이에는 항상 긴장이 존재한다.

이와 관련해서 교통법규는 바로 일상생활에서의 좋은 예이다. 속도 제한, 주차금지 등은 물론 자동차 운전자의 절대적 자유, 즉 자신이 원하는 대로 차를 몰 수 있고 또 원하는 곳에 세울 수 있는 자유를 제한하는 것이다. 그러나 이러한 규칙들은 동시에 운전자가 아닌 모든 사람들 그리고 다른 차들로 인해 이동하는 데 어려움을 겪는 모든 사람들이 도로와 광장에서 제대로 이동할 수 있는 더 큰 자유를 보장하는 것이다. 실제로 교통법규는 자동차 운전자에게도 이동의 자유를 증대시켜 준다. 만약에 교통법규가 전혀 없다면, 교통 대혼란이 일어날 것이고 어느 누구도 원하는 목적지에 갈 수 없을 것이다.

무엇보다 신자유주의의 '자유 지상주의'는 지나치게 개인주의를 강조하는데, 이것은 사회 구성원들 간의 상호의존성이 마치 존재하지 않는 것처럼 가정하고, 개인의 자유가 작동할 수 있도록 하는 사회적 맥락을 전혀 고려하지 않는다. 사막에서 혼자 사는 사람은 언제, 어디서든지 자신이 원할 때 담배를 피울 수 있다. 그리고 이 경우 담배로 인한 피해는 흡연하는 당사자에게만 가게 된다. 그러나 만약에 당신이 다른 사람들과 함께 일하면서 언제, 어느 때고 자신이 흡연할 수 있는 권리를 달라고 요구한다면, 당신은 다른 사람들이 자신의 건강을 지킬 수 있는 자유를 침해하는 것이다.

바로 이러한 연유로 신자유주의가 주장하는 자유는 실제로는 강자만을 위한 자유, 강하지 못한 사람들의 자유를 더욱 박탈한 대가로서의 자유일 뿐이다. 노동조건을 결정할 수 있는 기업가의 자유 중대는 피고용인들의 그 일에 대한 발언권이 줄어든다는 것을 의미한다. 자신의 재산에 대해 결정할 수 있는 집주인의 자유 중대는 자신의 가정에 대한 임차인의 자유를 줄이게 된다. 또 해안가나 해변에 집을 지을 수 있는 지주의 자유가 증가하는 것은 다른 사람들이 그 지역을 돌아다니며 경치를 구경할 수 있는 자유를 줄이는 것이다.

사회민주주의적 자유 개념은 다수를 위한 자유에 초점을 두고 있다. 그것은 대중들의 생활조건에 대한 결정이 어떤 다른 소수의 자기이익이라는 관점에서 이루어졌을 때, 대중들이 겪게 되는 자유의 결핍 그리고 강제적 힘들에 대한 반발에서 나온 것이다. 민주적 사회주의는 예나 지금이나 억압과 굴욕, 굶주림과 무지, 실업, 질병, 노후의 공포로부터의 자유를 요구하며, 또 적극적 참여와 공동결정, 개성의 발전, 개인의 생활과 미래를 결정하는 사회에 대한 영향력의 증대를 보장하는 자유를 옹호한다.

그러나 이러한 자유를 모든 사람들이 누릴 수 있으려면 동시에 일정한 제한이 가해지는 것이 필요하다. 특히 다른 사람들보다 더 많은 권리를 요구하고 자신의 필요에 의해 다른 사람을 착취하는 강자들의 자유를 제한하는 것이 중요하다. 자유를 타인과의 경쟁에서 획득한 개인적 전리품으로 보고 경쟁에서 잃은 사람들은 그 책임이 그들에게 있을 뿐이라고 간주하면서 강자의 권리를 칭송하는 사람들은 자유에 대한 이러한 제한을 매우 부당하다고 생각한다. 그러나 우리가 각자 저마다 자신의 생활을 영위할 자유를 보편적 인권으로 인정한다면, 여타 모든 사람의 공공선을 위해서 강자의 권리를 제한하는 것은 불가피하다.

개인과 집단 간에는 항상 긴장이 있을 수밖에 없다. 이러한 긴장은 모든 사람들이 개인이면서 동시에 사회적 존재라는 사실에서 불가피하게 나오는 것이다. 만약에 사람들이 개인의 행동의 자유만을 일방적으로 주장한다면, 이 경우 사회는 강자가 약자를 억압하는 체제로 가버릴 것이다. 반대로 만약에 사람들이 집단 공동체의 요구만을 일방적으로 강조한다면, 집단의 요구라는 이름하에서 개인들의 요구는 무조건 무시될 위험이 있다. 첫 번째의 위험에 대해 경각심을 가져야 하는 것과 마찬가지로 우리들은 사회민주주의자로서 두 번째의 위험에 대해서도 똑같이 경계를 해야만 한다. 우리는 통상적으로 개인들의 자유를 제한하면서 정당화하는 것에 대해서 경계를 하지 않으면 안 된다. 왜냐하면 이것은 보통 상식으로는 마치 타인들의 자유를 증대시키는 것처럼 보일 수도 있기 때문이다.

'집단'이 다수의 요구에 대한 배려를 제대로 하지도 못하면서 얼마나 사람들의 생활양식과 견해를 획일화 시킬 수 있는가에 대해서는 많은 사례들이 있다. 집단은 집단에 대한 충성을 강조하면서 자유로운 토론을 누르고, 집단의 이름으로 결정된 사항들에 대해 비판적으로 검토하는 것을 금지시킨다. 집단은 통제 엘리트들을 낳는데, 이들은 실제로는 사회 전체의 공공선에 도움이 되는 결정을 따르는 것이 아니라 엘리트 자신들의 지위를 강화하는 데에만 관심을 가지면서 집단을 착취한다.

물론 이런 종류의 위험은 정치적 색깔을 불문하고 모든 형태의 집단에 존재하는 것이다. 그리고 많은 사회학 연구들은 여론이 가장 획일적으로 나타나는 집단은 사기업체라는 것을 보여준다. 우리는 사회민주주의자로서 개인의 자유는 그가 속한 사회를 통해서 실현되어야 한다는 기본적 입장을 견지해야만 하지만, 동시에 집단주의의 여러 위험한 형태들에 대해 경계를 늦춰서는 안 된다. 나아가 우리는 모두를 위한 자유의 실현은 당연히 다양한 집단들의 이해와 개인 간의 지속적인 균형을 필요로 한다는 사실을 잊어서는 안 될 것이다—그러나 분명한 것은 정치적 민주주의는 물론, 인간의 자유와 인권에 대한 기본적 요구들에 대한 어떠한 타협도 받아들여서는 안 된다는 것이다.

모두가 상호 의존적으로 되어 있는 사회의 구성원으로서 일정한 공동의 규칙을 준수해야 된다는 통찰이 반영된 집단주의일 경우, 자유는 위협받지 않는다. 그러나 이와는 달리 모든 형태의 근본주의하에서, 즉 그것이 종교적, 정치적 또는 경제적 형태든 간에 자유는 위협을 받는다. 근본주의는 '신', '역사' 또는 '시장'에 의해 부여된, 우월하고 어떤 이미 정해져 있는 사명에 의해 개인보다 집단이 무조건 옳다고 간주하는 시각이라고 말할 수 있다. 이렇게 만약에 어떤 하나의 입장이 근본적으로 옳다고 가정한다면, 다른 견해를 가진 사람들의 입장은 고려할 이유가 전혀 없게 된다. 하지만 정반대로 생각하는 것이 옳다. 자신과 타인의 행복을 위해서는, 자신들만이 자신들의 '그릇된' 이념을 무조건 실천에 옮기는 소명을 타고 났다고 생각하지 않는 것이 중요하다.

따라서 다른 견해와 입장들에 대한 열린 자세, 최선의 공동 결정을 도출하기 위해 상대를 존중하면서 상대의 말을 기꺼이 들어주고, 또 서로의 견해를 교환할 수 있는 능동적 자세는 모든 민주주의적/집단주의적 운동에서 반드시 필요한 것이다. 이것은 민주주의 사회의 모든 시민들도 마찬가지로 갖추어야만 하는 꼭 필요한 덕목이다.

사회민주주의의 핵심가치

평등

평등에 대한 요구는 사회주의의 핵심이다. 동시에 이 말은 종종 오해되기도 하는데, 이것은 비단 평등을 반대하는 사람들에게서만 일어나는 일은 아니다.

보수적 입장에서는 "사람들은 저마다 다르다"는 이유를 들면서 평등에 대한 요구를 묵살하기 일쑤다―여기서는 평등에 대한 요구를, 모든 사람은 전적으로 동일한 방식으로 대접받아야 하고, 그들의 삶도 완전히 동일해야 한다는 의미로 해석하고 있다. 그런데 이와 마찬가지로 평등을 옹호하는 사람 중에도 평등을 마치 모든 사람들이 아주 동일한 조건에서 살아야만 하는 것으로 이해하는 경향이 있다.

이러한 이해는 물론 잘못된 것이다. 평등은 획일성처럼 모두가 같은 것을 의미하지 않는다. 앞에서 이야기가 나왔듯이 모든 사람은 아주 다르다.

그러나 다른 한편 어떤 측면들에서 우리 모두는 비슷하다.

우리 모두는 개인으로서 각자 자신만의 가치를 가지고 있다. 누구나 자기 발전을 위한 조건들과 전제조건들을 가지고 있으며, 누구나 각자의 꿈을 지니고 현재의 생활과 미래에 대해 희망을 품고 있다.

그리고 우리 모두는 사회의 구성원이다. 사회의 형성과 발전은 개인으로서의 우리가 가지고 있는 기회들을 규정하는데, 이 기회는 우리의 잠재력과 미래의 꿈을 실현하는 데 중요하다.

이런 측면에서 볼 때, 평등 요구는 균등한 대우에 대한 요구이다. 즉 각자의 고유한 개성을 발전시키고 자신의 고유한 생활을 영위해 나갈 수 있는 동일한 기회를 달라는 것이다.

영국의 사회학자 리차드 티트머스Richard Titmuss는 복지를 개인이 쓸 수 있는 자원들, 즉 개인이 자신의 생활조건들을 유지하거나 결정할 수 있도록 도움을 주는 자원들—예를 들어 건강, 지식, 육체적, 정신적 에너지, 사회적 관계, 사회보장 등등—이라고 했다.

이러한 설명은 평등이 의미하는 것이 과연 무엇인지 잘 말해주고 있다. 즉 평등은 각 개인의 고유한 생활 조건들을 통제할 수 있는 동일한 기회라는 것이다. 이 설명은 또 평등의 정치가 어디에 초점을 맞추어야 하는지에 대해서도 잘 말해주고 있다. 즉 평등한 권력 자원들의 창출이라는 것이다.

이 모든 것의 근본이 되는 것은 물론 정치적 민주주의인데, 이것은 먼저 사회 발전을 규정하고 그 다음에는 개인의 생활조건을 규정하는 결정들에 영향력을 미칠 수 있는 동일한 기회라고 말할 수 있다. 따라서 보편적이고 평등한 선거권은 자유에 대한 요구일 뿐만 아니라, 또한 평등에 대한 요구이기도 한 것이다.

그러나 이러한 형식적 평등은 사회나 개인의 생활에 영향을 미치는 실제적이고 평등한 자원들을 창출하는 데 충분하지 못하다.

지식은 노동시장에서도 그리고 개성의 발전에서도 가장 중요한 개인의 권력 자원에 속한다. 바로 이러한 이유로 인해—충분한 양의, 질 좋은—교육은 개인들의 경제적 자원들의 차이에 상관없이 모든 사람의 권리가 되어야 한다.

건강 역시 개인의 중요한 자원이다. 따라서—충분한 양의, 질 좋은—의료혜택은 모든 사람의 권리가 되어야 한다. 이러한 이유 때문에도 사람들은 자신들의 일터에 대해 영향력을 행사할 수 있어야 한다. 그래야만 그들이 하는 일이 자신들의 건강을 해치지 않을 수 있기 때문이다.

경제적, 사회적 보장 역시 중요한 권력 자원이다. 경제적으로 다른 자에게 종속되어 있는 사람은 자신의 고유한 이해를 확대해 나갈 수가 없다. 제대로 생활하기도 어렵고, 계속해서 질병과 실업에 시달리는 사람은 자기의 개성을 발전시킬 여지가 거의 없거나 전혀 없다. 물론 사회보장에 있어서 근본적인 것은 사람들이 생활하는 데 필요한 임금이 있는 일자리를 가지는 것이다. 또 실직을 당하거나, 노령화 되었을 경우에 경제적 보장은 사람들에게 자신의 삶을 꾸려나갈 힘을 준다는 의미에서 중요하다.

평등한 기회냐 평등한 결과냐?

평등정책이 만들어 내는 것은 모든 사람들에게 평등한 기회다. 사람들이 이 기회를 어떻게 최대한 활용하느냐 하는 것은 각자의 몫이다. 평등정책은 사람들이 동일한 목표를 달성하도록 하기 위해 사람들을 동일한 방향으로 억지로 몰고 갈 수도 없고 또 그래서도 안 된다.

정치철학에서는 기회의 평등이냐 결과의 평등이냐, 라는 구분이 자주 거론되어 왔다. 평등에 대한 비판자들이 평등은 획일성과 같은 것이라고 주장할 때 일반적으로 사용하는 것은 후자의 정의, 즉 결과의 평등이다.

만약에 평등에 대한 요구를 모든 사람들이 매번 동일한 결과를 가지는 것이라고 해석한다면, 이것은 모든 사람들을 억지로 완전히 똑같은 사람들로 만드는 것을 의미할 것이다. 그러나 평등에 대한 이런 식의 해석은 평등사상의 가장 내부적인 핵심 내용, 즉 모든 사람들이 자신의 고유한 삶을 영위할 수 있는 평등한 권리와 바로 충돌하는 것이다. 만약에 우리가 강제적으로 모든 사람들이 아주 똑같은 방식으로 살도록 만든다면, 이것은 겉으로는 매우 '평등하게' 보일지 모르지만, 실제로는 사람들이 자신의 고유한 삶을 영위할 수 있는 기회를 전혀 가지지 못하는 것과 다름없다.

따라서 평등을 옹호하는 사람들 중의 일부에서는 평등을 모든 사람들이 모든 면에서 똑같이 소유하는 것으로 생각하고 있는데, 이것은 오히려 평등 개념을 훼손하는 것이다.

하지만 비록 우리의 기본원칙은 '(자신의 고유한 삶을 영위할 수 있는) 기회의 평등'이라 하더라도, 우리는 '결과의 평등'에 대한 요구를 전적으로 무시할 수는 없다. 학교 교육을 예로 들어 보자. 만약 모든 사람들이 시민으로서 살아가고 또 노동시장에서 제대로 독자적인 역할을 하려면 일정한 기본능력을 갖추어야만 한다. 이 점에서 학교 교육은 '동일한 결과'를 달성해야만 한다. 그런데 이것은 다시 실제로는 '서로 다른 기회'를 포함할 수 있다. 즉 다시 말해서 학교의 교육방법이 모든 학생들에게 동일하게 적합한 것은 아니기 때문에, 학교는 학생에 따라 차별화된 교육학적 방법들을 실시해야 한다. 이것은 한편 다른 학생들에 비해 수업을 잘 따라오지 못하는 일부 학생들을 도우는 데 있어서 더 많은 자원을 투자해야 한다는 것을 의미하기도 한다.

그러나 누구나 갖추어야만 하는 기본적 능력 이외에는, 사람들은 누구나 반드시 동일한 수준에 도달해야만 한다고 요구할 수는 분명히 없다. 음악을 잘하는 사람은 수학, 또는 목공, 대인관계 등에 특히 재능을 보이는 사람들이 자신의 특별한 능력을 발전시킬 권리를 가져야 하는 것과 마찬가지로 자신의 능력을 발전시킬 권리를 가지고 있다.

따라서 중요한 것은 평등은 타인과 다를 수 있는 권리도 포함한다는 사실이다. 만약에 이러한 의미가 포함되지 않는다면, 어떤 사람들은 항상 다른 어떤 사람보다 더 중요하거나 어쨌든 더 우월한 사람으로 바라봐야만 할 것이다.

서로 다를 수 있는 권리가 존재할 수 있는 곳은 진정으로 평등한 사회뿐이다. 불평등한 사회에서는 선택에서 탈락되고, 옆으로 밀려나서 결국 자신의 고유한 특별한 재능과 특성을 발전시킬 기회를 영영 가지지 못하는 사람들이 항상 존재하게 된다.

자유와 평등

자유와 평등은―일반적으로 말해서―서로 정반대라는 주장이, 적어도 보수주의적 논자들 사이에서는, 자주 거론된다.

이러한 주장은 평등에 대한 요구를 동일한 결과를 요구하는 것으로 잘못 해석한 데서 나온 것이다. 만약에 모든 사람들이 천편일률적인 틀 속에 강제로 들어가야 한다면, 이것은 개인이 자신의 고유한 인생과 일상의 삶을 어떻게 꾸려나가고 싶은가에 대한 개인적 결정의 자유와 마찰을 빚는 것이다.

하지만 평등에 대한 정의는 모든 사람들이 완전히 똑같아야 한다는 것이 아니다. 평등은 다음과 같은 특별한 관점, 즉 자신의 고유한 삶의 조건을 결정할 수 있는 동등한 권리라는 측면에서만 '똑같다는 것'을 포함한다. 또는 다른 식으로 표현해서 자유에 대한 동등한 권리라는 측면에서 평등하다는 것이다.

우리가 자유에 대한 요구를 진지하게 논하려면, 우리는 당연히 자유는 모든 사람들을 위한 어떤 권리라는 뜻으로 말해야만 한다. 따라서 자유와 평등 간의 근본적 갈등에 대해 이야기하는 것은 말이 되지 않는다. 오히려 정반대로 평등은 바로 자유의 전제조건이다. 오직 평등한 사회 속에서만 개인들은 자유로울 수 있는 기회를 가진다. 강한 자가 약자의 희생을 대가로 자신이 원하는 것을 취할 수 있는 그런 불평등한 사회에서 약자들은 강자들에 비해 자신의 고유한 삶을 영위할 기회를 거의 가질 수 없다. 즉 강자는 그렇지 못한 자들의 생활 조건을 자기들 마음대로 규정하게 되고, 이 과정에서 약자의 자유는 박탈당하게 된다.

만약 자유와 평등이 서로 대립된다는 주장이 어떠한 논리적 타당성 이라도 가지려면, 우리는 자유를 타인의 희생을 무릅쓰고라도 자신이 좋아하는 것을 취할 수 있는 권리로 정의해야만 한다. 하지만 그런 식의 자유, 즉 다수는 결코 가지지 못하고 오직 소수만 누릴 수 있는 자유는 평등에 대한 요구와 불가피하게 충돌하게 된다.

그런데 만약에 바로 위의 경우처럼 자유가 실제로는 다수 사람들의 종속과 자유의 결핍을 의미한다는 식으로 정의된다면, 도대체 우리가 자유에 대해 진지하게 토론할 필요가 과연 있을까? 이런 식의 자유는 오히려 소수 집단의 사람들만을 위한 특권의 문제가 아닌가?

평등과 효율

일정한 간격을 두고 계속해서 거론되는 논의가 있는데, 그것은 '너무 많은' 평등은 경제의 효율성에 해가 된다는 것이다. 상당수의 보수주의 논자들에 의하면 경제적 격차는 필요하다. 즉 부자가 될 기회, 다른 사람보다 더 많은 돈을 벌 기회는 경제발전을 가속화하기 위해 필요한 요소들이라는 것이다.

물론 노력의 대가—예를 들어 행한 노동에 대한 임금처럼—는 일하려는 의욕과 성취 의욕을 진작시키는 데 중요하다. 사회민주주의는 모든 노동은 반드시 동일한 임금으로 보상받아야 된다는 시각을 견지한 적이 한 번도 없다. 오히려 사회민주주의는 더 높은 수준의 교육을 필요로 하거나, 고용된 자들 중에 더 많은 책임을 져야 하는 직업들은 조금 더 많이 받아야 한다는 것을 항상 인정해 왔다.

하지만 능력과 책임에 따른 대가라는 주장은 모든 직업, 직종에 당연히 적용되어야 하는 것이다! 우리는 어떤 일부 직업들만을 떼어내어 이 직업들만 높은 수준의 노동 의욕과 능력이 있기에 특별히 더 많은 보상을 해주어야 하고, 반면에 이 직업들이 더 가치 있다는 이유 하나만으로 다른 직업들은 경제적 수입 측면에서 자제해야 한다고 쉽게 말할 수 없다. 그런데 보수주의자들이 중요한 동력이라고 주장하는 '부자가 될 수 있는 기회'는, 좀 더 자세히 들여다보면, 일부 직업들 그리고 일부 지위에만 해당되는 말이라는 것이 종종 사실로 드러난다. 그러하지 못한 직업들—그리고 때로는 모든 직업들—은 그들이 아무리 유능하게 직무를 수행한다 하더라도 그들의 노력이 특히 임금으로 표현될 때는 "그렇게 가치 있지 못하다"는 것을 억지로 받아들이지 않으면 안 된다. 하지만 그럼에도 그들은 일을 열심히 하도록 강요받고 있다.

그런데 경제가 성장하기 위해서는 고등교육을 받은 전문직 사람들과 기업가들만이 커다란 성과를 내는 것으로는 충분하지 못하다. 예를 들어 건축가와 의사가 각자 자신의 일을 잘 수행해야 하는 것과 마찬가지로, 건설 노동자와 병원 보조 인력이 자신의 일을 잘 수행하는 것은 똑같이 매우 중요하다. 그리고 만약에 기업가의 지시를 실제 작업으로 전환시켜야 할 사람들이 자신들의 일에 대한 의욕을 상실하고 있다면, 그 기업가가 아무리 유능하다 해도 무슨 쓸모가 있겠는가?

커다란 경제적 격차를 긍정적으로 설명할 때는 주로 고소득 집단만을 염두에 두고 있는 것이다―즉 특정 성과에 대한 두드러진 보상의 기회만이 언급된다. 동전의 또 다른 면은 전혀 이야기되지 않는다. 즉 상당수의 직업들은 체계적으로 평가절하 될 수밖에 없다는 사실 말이다. 이렇게 하지 않고는 커다란 임금격차가 생겨날 수가 없다. 그러나 커다란 경제적 격차가 정말로 효율적인가 평가해 보고자 한다면, 우리는 상위 소득계층에서 일어나는 일만을 바라보아서는 안 된다. 우리는 다른 한편으로 하위 소득계층에서 어떤 결과들이 일어나는지도 살펴봐야만 한다.

우리는 커다란 격차가 존재하는 사회는 경제적으로 결코 효율적이지 못하다는 것을 알 수 있다. 심각한 교육 격차는 그 사회의 많은 사람들이 낮은 수준의 교육을 받는다는 것을 의미하고, 낮은 수준의 교육은 다시 낮은 수준의 능력 그리고 낮은 수준의 노동생산성을 의미한다. 또 예를 들어 병원 의료비가 너무나 비싸거나, 많은 곳의 작업환경이 건강에 매우 해로워서 사람들 간에 커다란 건강 격차가 존재한다는 사실은 많은 사람들이 자신의 능력을 충분히 발휘하여 일할 수 없다는 것을 의미한다.

또한 커다란 임금 격차가 있다는 사실은 저임금을 받는 많은 집단들이 있다는 말과 똑같은 것이다. 하지만 많은 사람들이 낮은 임금을 받는다는 사실은 경제 내의 총수요가 낮아지게 된다는 것, 즉 기업들이 성장하고 '돈을 벌수 있는' 기회가 줄어들게 된다는 것을 의미한다.

이를 생생하게 보여주는 예는 많다.

미국은 산업화 된 나라 중 가장 큰 소득 불평등을 보이고 있는데,

이것은 미국에는 수많은 '일하는 빈민', 즉 일자리는 가지고 있지만 그것만으로는 제대로 먹고 살 수 없는 많은 사람들이 존재한다는 것을 의미한다. 미국에서는 산업에서의 낮은 노동생산성으로 인해 미국의 산업이 국제적 경쟁 —특히 동남아시아의 개발도상 국가들의 부상에 직면하여—을 제대로 따라 잡기 힘들다는 심각한 우려가 있다. 하지만 미국에서 이렇게 노동생산성이 낮은 주된 이유는 미국 내의 수많은 저임금 집단들이 존재하기 때문이다.

미국은 서유럽 보다 실업률이 낮다. 이러한 사실은 종종 서유럽도 미국처럼 임금격차를 확대하기만 하면 실업을 없앨 수 있다는 긍정적 증거로 주장되기도 한다. 하지만 많은 경제학자들은 미국의 낮은 실업률은 파트타임 노동을 하면서 실제로는 실직상태에 가까운 사람들이 많이 존재한다는 사실을 은폐하고 있다고 지적하면서 이를 비판하고 있다. 만약에 단순히 일자리를 가진 사람의 수가 아니라, 노동시장에서 주변화 된 사람들을 기준으로 통계를 낸다면, 결국 미국의 실업률은 대략 유럽의 실업률과 비슷한 수준으로 나올 것이다. 또 미국은 낮은 실업률에도 불구하고 장기적 평균 경제성장률에 있어서 서유럽보다 높지 않고, 과거에도 결코 높았던 적이 없다. 일반적으로 낮은 실업률은 사람들의 능력이 더 충분하게 활용된다는 사실을 의미하기에 당연히 높은 경제성장률로 나타나야 하지만 미국에서는 그러지 못했다.

이러한 결과는 미국의 많은 직업들이 저임금을 받기 때문이다. 저임금은 새로운 수요를 별로 창출하지 못하고, 이는 다시 새로운 일자리 창출을 힘들게 만든다.

1990년대 중반의 한 OECD 보고서는 임금 격차의 확대만으로 새로운 일자리를 창출할 수 있다고 주장하는 이론은 확실히 증명된 바가 없다고 말하고 있다. 많은 개발도상국들에 대한 연구는 경제적 평등이—이에 대한 많은 비판들과는 정반대로—경제 성장에 도움이 된다는 사실을 보여주고 있다. 지속적으로 경제성장을 이루는데 성공한 나라들—주로 동남아시아의 나라들—은, 보수주의적 이론의 주장과는 달리 일정 수준의 상대적 평등을 이루고 있다.* 전 인구의 상대적 다수가 생산에 참여할 기회를 가졌고 또 노력에 따른 합당한 경제적 대가를 받았던 것이다. 이로 인해 국내 수요는 지속적으로 증가했으며 이것은 다시 새로운 일자리를 창출하고 경제성장을 가능하게 했다. 경제성장에 실패한 나라들은 반대로 인구의 다수가 생산에 참여하지 못했거나 매우 낮은 임금(또는 소득)을 받게 되어, 국내 시장이 성장하도록 뒷받침할 수가 없었다.

불평등이라고 하는 것은 언제, 어느 곳에서나 적지 않은 사람들의 능력이 충분히 또는 전혀 발휘되지 못한다는 것을 의미한다. 이것은 휴머니즘적 관점에서 본다면, 사람들의 생활의 기회 그리고 그들의 발전의 기회가 크게 제약된다는 사실을 뜻한다.

그리고 그런 제약은 실제로 결코 효율적이지도 못하다.

* 여기서 말하는 나라들은 이른바 '4마리의 용'이라 불렸던 한국, 홍콩, 싱가포르, 대만을 주로 뜻하는 것 같다. 한국의 경우 1990년대 중반에는 실업율도 낮았고, 상대적 불평등도가 지금처럼 심각하지는 않았다. 따라서 이 부분은 이 책이 쓰인 시점이 1990년대 중반이라는 점을 감안하여 이해해야 할 것이다—역주.

연대

자유와 평등은 그 의미의 복잡성으로 인해 정치철학자들이 많은 관심을 보인 개념들이다. 따라서 이 두 용어 그리고 양자 간의 관계에 관한 저술들은 많이 있다. 하지만 연대의 개념은 정치철학에서 자유와 평등만큼 관심을 받지 못했다. 그런데 연대가 무엇인지에 대해서는 많은 예가 있는데, 이것들은 대부분 구호성 표현들이다.

- 함께하면 우리는 강하다.
- 뭉치면 살고, 흩어지면 죽는다.
- 서로의 짐을 거들어 준다.
- 모든 아이들은 모든 사람들의 아이들이다.
- 내 동료를 건드리지 마라!

이러한 표현들이 말하고자 하는 것은 사람들 간에 서로가 함께 속해 있다는 감정이다. 다시 말해 다른 사람에 대한 우리의 책임과 동시에 우리 역시 다른 사람에 의지하고 있다는 사실을 강조하는, 서로가 한 곳에 소속되어 있다는 감정이다.

연대solidarity라는 말은 라틴어 'solidus'에서 유래하였는데, 이것은 '밀집한', '굳건한', '오래 견디는'이라는 뜻이다. 노동운동의 초창기에 연대는 단결의 문제였다. 즉 사회는 오직 노동자들이 단결해야만 바꿀 수 있는 것이었다. 당시의 부당한 권력구조에 대해 어느 누구도 개인의 힘만 가지고는 아무 것도 이룰 수가 없었다. 오직 다른 사람들과 함께하는 것만이 사회 변화에 필요한 힘을 낳을 수 있었다.

그러나 함께하는 것 그리고 상호 간의 지지에 대한 강조는 변화를 위한 투쟁에만 초점을 맞춘 것은 아니었다. 그것은 또한 사람들이 이루고자 하는 변화에도 초점이 맞춰져 있었다. 즉 그것은 보다 나은 사회를 위한 투쟁에서의 단결의 문제였을 뿐만 아니라, 동시에 투쟁에서 얻은 성과를 정의롭고 평등하게 나누는 문제이기도 하였다. 투쟁은 공동체의 개선, 즉 모든 사람들에게 해당되는 복지를 쟁취하는 데 목적이 있었다. 그것은 다른 사람들을 경쟁에서 이김으로써 자신만의 복지를 증진시키는 개인적 차원의 문제가 결코 아니었다.

연대라는 말은 우리가 앞의 평등의 장에서 언급했던 깨달음, 즉 모든 사람들은 사회적 존재로서 각 개인의 복지를 위해서도 상호의존적일 수밖에 없다는 사실, 그리고 사회는 그 출발점을 모든 사람의 행복에 둘 때에만 가장 잘 돌아가고, 따라서 우리 모두는 이러한 공동선의 기여에 관심을 두어야 한다는 것을 실천적으로 표현한 것이다.

병원 치료는 이에 대한 구체적 예가 될 수 있다. 각자의 소득 수준에 상관없이 좋은 의료서비스를 받을 수 있는 권리는 기본적인 복지요구다. 만약에 이것이 모두에게 적용되는 진정한 권리가 되려면, 우리는—연대 속에서—이에 필요한 재정을 충당하기 위해 연대적인 기여금을 내야만 한다. 이것은 건강한자가 병들었거나 사고를 당한 자에게 도움을 주는 형태다. 하지만 이것은 동시에 건강한 각 개인들이 나중에 병들었거나, 사고를 당했을 때 도움을 받을 수 있는 확실한 보장 방법인 것이다. 그런데 이러한 시스템에 대한 연대적 재정 충당은 개인의 안전과 개인들 간의 평등을 가져올 뿐만 아니라, 더 나은 사회를 위해 기여하는 것이기도 하다. 왜냐하면 우리는 이를 통해, 일부 사람들이 자신의 건강을 돌볼 수 있는 자원이 없어서 결국 경제적 효율성의 저하라는 부정적 결과를 초래하는 것을 막을 수 있을 뿐만 아니라, 여러 사회 문제들도 사전에 예방할 수 있다.

연대와 개인의 안전 간의 긴밀한 연관성은 또 사회보험 제도에서도 알 수 있다. 여러 아이들을 가진 가정은 조세제도를 통해 혜택을 받는데, 이 혜택은 자녀가 없는 사람들까지 포함한 모든 납세자들이 낸 세금에서 나오는 것이다. 그리고 이 법을 통해서 우리 모두는 아이들에게 보다 나은 조건을 만들어 주는 데 기여한다. 시간이 지나면서 이 아이들은 성장하여 납세자가 되고, 노인 세대들을 위한 연금재정의 충당에 기여하게 되는데, 이때 연금혜택을 받는 노인들 중에는 자녀가 없었던 사람들도 포함되게 된다. 바로 이런 방식으로 우리 모두는 노인들의 생활보장에 기여하게 된다. 이는 개인에게 생활보장을 제공할 뿐만 아니라, 동시에 우리 모두가 살고 있는 사회를 더욱 안정된 사회로 만드는 것이다.

그런데 연대는 집단적 자기이익이라는 관점을 넘어서는 것이다. 자유와 평등과 마찬가지로 연대 개념은 이 장의 시작부분에 제시됐던 몇몇 표현들처럼 도덕적 내용을 가지고 있다. 즉 연대는 "서로의 짐을 거들어 주어라"라는 성경구절에서 강조하는 것처럼 서로에 대한 상호책임의 문제이기도 하다. 일상적 용어로 표현하자면 어려움에 처한 사람들을 서로 돕고, 사람들이 어떤 문제들에 부딪혀 혼자서만 힘겹게 애쓰도록 방치하지는 말자는 것이다. "모든 아이들은 모든 사람들의 아이들이다"라는 말은 자기 자식들에 대한 부모들의 고유한 책임을 없애면 좋겠다는 뜻이 아니다. 오히려 이 말은 모든 아이들에게 발전의 기회를 제공하는 사회를 만드는데 우리 모두가 책임을 가지고 있다는 사실을 의미한다. 연대의 도덕적 내용은 기독교 윤리에 뿌리를 두고 있다. 예를 들어 '착한 사마리아인' 이야기는 연대라는 메시지를 분명하게 전달하고 있다.

오늘날 우리는 사회민주주의의 핵심가치로 '자유, 평등, 연대'를 내걸었다. 하지만 프랑스혁명 당시의 원래 표현은 '자유, 평등, 형제애'였는데, 바로 이 '형제애'가 연대의 도덕적 내용을 잘 보여주고 있다. 즉 이것은 함께 속한 사람들 간의 관계에 있어서 당연한 상호존중과 상호지지를 의미한다. 이것은 페르 알빈 한손Per Albin Hansson, 1932~1946*이 "인민의 가정(People's home)"이라는 연설로 알려져 있는, 1928년 리크스

닥Riksdag에서 했던 유명한 연설에서 표현되었던 바로 그 사상이다.

가정의 기초는 서로 협력하는 것 그리고 함께 속해 있다는 소속감이다. 좋은 가정에는 특권을 가진 자와 특권을 가지지 못한 자 간의 차별이 없다. 특별히 편애를 받는 아이도 없고, 입양되었다고 차별받는 아이도 없다. 그런 가정에서는 일부 구성원들이 다른 구성원들을 멸시하지 않으며, 어느 누구도 타인의 희생을 대가로 이득을 취하려 하지 않는다. 강자는 약자를 억압하거나 약탈하지 않는다. 좋은 가정에는 평등과 보살핌, 협동이 존재한다. 이것을 많은 인민들과 시민들이 사는 사회, 즉 하나의 커다란 가정에 확대 적용해 본다면, 이는 시민들을 특권층과 비특권층, 지배층과 피지배층, 부유층과 빈곤층, 넉넉한 계층과 궁핍한 계층, 약탈 계층과 피약탈 계층으로 나뉘는 모든 사회적, 경제적 장벽들이 제거된다는 것을 의미할 것이다.

연대는 자신의 개성적 기회와 욕구를 발전시키려는 각자의 노력을 배척하지 않는다. 하지만 그것은 개인적 이익을 위해서 타인을 착취하는 것을 허용하는 이기주의와는 정반대에 서 있다.

* 페르 알빈 한손(1885~1946). 그는 스웨덴 사민당의 2대 당수로서 수상 재직기간에 루스벨트의 뉴딜정책과 유사한 방식으로 공황을 극복하고, 국제정치적으로는 중립 정책을 표방하여 스웨덴이 2차 대전에 말려들지 않도록 하였다. 그의 재직시절 스웨덴 복지국가의 기초, 즉 각종 복지개혁안과 연금, 교육, 의료 등 사회보장제도들이 설계되고 또 마련되었다—역주.

바로 이런 의미에서 연대는 평등의 주요 전제조건 중의 하나다. 왜냐하면 사람들을 타인과 협력하도록 설득하고, 또 약자를 착취하는 데 힘을 쓰지 않도록 강자를 자제시킬 수 있는 것은, 우리는 모두 같은 형제라는 감정, 연대이기 때문이다. 또 마찬가지로 진정한 연대가 가능한 곳은 평등한 사회뿐이다. 왜냐하면 자신이 살아남기 위해서 타인을 반드시 이기지 않아도 되는 사회는 평등한 사회뿐이기 때문이다.

지금까지의 설명에서 보았듯이 위의 세 가지 가치(자유, 평등, 연대)는 서로 긴밀히 연결되어 있다. 자유는 평등을 필요로 하고, 평등은 연대를 필요로 한다. 그리고 연대는 자유와 평등을 필요로 한다.

민주주의

오늘날 민주주의—국민에 의한 통치—는 세계의 대부분 지역에서 정치적 이상으로 자리 잡았다. 하지만 정치 형태로서의 민주주의는, 비록 이 개념이 고대 그리스에서부터 시작하여 내려왔지만, 그리 오래된 것이 아니다. 근대의 민주주의 이념은 지난 1800년대에 발전되었지만, 오랫동안 보수주의적 집단의 강한 반대에 부딪친 이념이었다. 보수주의가 이상적으로 생각하는 사회는 강한 위계적(또는 계층적) 사회다. 각 사회집단은 각자 고유한 위치가 있고 또 고유한 업무가 있다는 것이다. 예를 들어 최상위 계층의 고유한 임무는 사회를 다스리는 것이고, 낮은 계층들은 이러한 임무에 필요한 자질들을 가지지 못하고 있다고 간주된다. 모든 민주주의의 주춧돌인 보편 선거는 대부분의 유럽 국가들에서 우파들의 강한 정치적 반대 속에서 관철되었다. 스웨덴에서는 수십 년 간의 매우 격렬한 정치적 갈등 끝에, 사회민주주의자들과 자유주의자들 간의 동맹을 통해 1918년 보편 선거권 법안이 통과되었다. 보수주의자들의 근본적 반대가 무산되자마자, 민주주의의 새로운 적들이 생겨났다. 즉 한편으로 극단적 우익 전체주의운동(나치즘, 파시즘)이 일어났고, 다른 한편으로는 사회주의 내의 혁명적 흐름이 있었는데, 이것들은 일당 독재 국가라는 원칙을 추진하였다.

후자의 경우와 관련해서 우리는, 모든 진정한 사회주의는 독재, 억압과는 함께 할 수 없다는 것을 분명히 명심해야 한다. 운동으로서의 사회주의는 자유의 결핍에 대한 반작용으로 그리고 당시 비민주적 사회에서 살아야만 했던 노동대중들에게 가해진 억압에 대한 저항에서 생겨났으며, 사회주의의 원래 이상은 전 인민의 해방이었다. 따라서 전체주의 정치를 어떤 미사여구로 포장하건 간에, 이를 통해 사회주의를 실현한다는 것은 전혀 불가능하다. 진정한 사회주의는 항상 민주적이어야만 한다.

오늘날 민주주의는 과거 이에 반대했던 자들조차도—일부 극우집단들과 극좌집단들을 제외하고는—정치적 이상으로서 받아들여졌다. 하지만 지배형태로서의 민주주의에서는 만장일치제가 가장 강력한 것이다—. 그런데 민주주의의 효과적 정착이라는 문제와 관련해서는, 여러 정치 집단들 간의 상당한 불일치가 존재한다. 즉 다시 말해서 민주주의적 정치체가 결정해야만 하는 문제들을 둘러싼 이견이 존재하는 것이다.

민주주의에 대한 요구

민주주의라는 말은 국민에 의한 통치를 의미한다. 이 말은 모든 성인 시민들이 정치적 의사결정 과정—즉 문제를 제기하고, 여론을 형성하고, 지지를 얻으려 노력하고, 의사결정을 관장하는 정치기구 구성을 위해 투표하는 과정들—에 참여할 수 있는 권리를 보장하는 사회질서를 표현하는 데 사용된다. 다른 말로 해서 '민주주의'는 사회적 주요 관심사에 대해 결정을 내리는 특별한 형식이다. 따라서 이것은 모든 시민들의 평등한 개인적 권리에 기반 한 집단적 의사결정 과정의 문제다.

민주주의에 대해 말할 수 있으려면, 몇 가지 기본적인 헌법적 권리들이 충족되어야만 한다. 이것들은 다음과 같다.

- 자유로운(그리고 적절하게 관리되는) 선거에서 보편적이고 평등하게 선거할 수 있는 권리
- 사상의 자유(종교의 자유까지 포함하여)
- 표현의 자유와 언론의 자유
- 정치적 단체나 노동조합에 가입할 수 있는 권리
- 정당을 만들고 선거에 나갈 수 있는 권리

만약에 이러한 기준들 중 하나 또는 그 이상이 충족되지 못한다면, 우리는 민주주의라고 말할 수 없다.

그러면 이러한 기준들만으로 충분한가?

우리는 정치적, 헌법적 의미에서의 민주주의에 대해 말할 때는 이

러한 기준들이 필요, 충분조건이라고 주장할 수 있다. 그러나 현실에서 민주주의가 제대로 작동하도록 보장하기 위해서는 이러한 기준들만으로는 충분하지 않다. 경제적 요인들 그리고/또는 사회적 요인들이 실제에 있어서 형식적 민주주의의 권리들을 약화시킬 수 있다는 것을 우리는 쉽게 볼 수 있다.

많은 사람들이 자신의 일자리에 대해 걱정하게끔 만드는 불안정한 노동시장은 토론을 질식시키고, 자신들의 비판적 견해를 표현하는 데 불안감을 느끼게 만든다. 또 불충분한 교육 또는 빈약한 의사표현능력은 정치적 토론을 이해하거나, 논의되고 있는 주요 현안들을 따라잡기 힘들게 하고, 혹은 더 많은 교육을 받았거나 더 논리적인 집단들에 맞서서 자신의 이익을 주장하기 어렵게 만들 수 있다.

바로 이런 이유로 사회민주주의자들은 민주주의가 제대로 작동하려면, 우리가 앞에서 정의한 의미에서의 평등이 필요하다고 주장하는 것이다. 사회 내의 커다란 경제적. 사회적 격차는, 형식적으로는 아니더라도 실제로는 민주주의를 약화시킨다. 왜냐하면 시민들이 정치적 과정에 대등하게 참여할 수 없기 때문이다. 이 경우 어떤 사람들은 다른 사람들보다 사회에 대한 자신들의 특별한 요구를 주장할 기회를 엄청나게 많이 가지게 될 것이다. 그리고 만약 대부분의 집단들이 민주주의적 과정이 자신들의 이익을 보호해 줄 수 없다는 것을 경험하기 시작하면, 민주주의에 대한 그들의 믿음은 약해질 위험이 있다. 이 과정에서 비민주주의적 운동이 활개칠 수 있는 여지는 증가하게 될 것이다.

민주주의를 수호하기 위해서는 표현의 자유, 언론의 자유 그리고 정기적인 자유선거 같은 민주주의의 외부적 조건들을 단호하게 지켜내야만 한다. 하지만 민주주의를 사회 내의 모든 집단들에게 생생하게 살아있는 개념으로 만드는 정책 또한 필요하다.

민주주의의 활력

민주주의를 지키는 것은 민주주의의 활력을 지키는 문제이기도 하다. 사상의 자유, 자유로운 보편 선거가 존재하는 목적은 어떻게 공동의, 사회적 이해가 조정되어야 하는가에 대해 다수의 시민들에 의한 결정을 도출하는 것이다. 이 결정은 실제로 현실이 되기도 한다. 그런데 여론을 형성하고 선거에 참여하는 것, 그 어느 것도 우리의 현실에 영향을 주는 결정으로 연결되지 못한다면 이것들의 원래 의의는 사라지게 된다.

바로 이 점에서 오늘날 민주주의에 대한 진정한 위협은 과거처럼 전체주의적 정치운동으로부터 오는 것이 아니다. 그것은 지금 무자비한 이윤만을 추구하는 전 지구적 금융권력으로부터 오고 있는데, 이 권력은 지난 90년대에 더욱더 강해졌다. 우리는 여기서 이중의 위협을 이야기 할 수 있다. 한편으로는 시민들에게 중요한 문제들이 그들이 전혀 어떤 제재도 할 수 없는 권력집단에 의해 더욱 더 크게 영향을 받게 될 것이라는 점이다. 다른 한편으로는 이것은 사회적 불평등의 증대를 야기하는 결과를 낳고, 이것은 다시 민주주의와 사회적 안정에 위협이 될 것이다.

따라서 정치적 민주주의 체제를 수호하기 위해서 전 지구적 금융자본의 이해집단에게 빼앗긴 정책적 여지를 다시 되찾는 것은 우리 시대의 가장 중요한 민주주의적 이슈다.

그러나 설령 민주주의를 위한 더 많은 정책적 여지가 있다 하더라도, 민주주의의 효율적 정착의 문제는 여전히 남는다. 민주적으로 선출된 정치적 기관들이 결정을 내릴 권리가 있다고 해서 아무런 결정을 내려도 되는가? 그리고 여기에 말려들지 않기 위해 민주주의는 무엇을 할 수 있는가?

한때 민주주의의 도입을 반대했던 우익 정당들은 오늘날 민주주의적 지배형태를 가장 강력히 지지하는 측에 속해 있다. 그러나 동시에 이 우익정당들은 민주적으로 선출된 기관들이 현재의 문제들에 대해 가능한 한 개입하지 않도록 하는 데 노력을 기울이고 있는 것 같다. 즉 국가가 개입하는 대신에 결정들은 시장에게, 시민사회에게, 가족에게 그리고 기타 등등에게 맡기자는 것이다. 이를 보면 우리는 민주주의에 반대했던 과거의 지배계급이 단지 겉모습만을 바꾸었다는 생각을 떠올리지 않을 수 없다. 즉 다시 말해 그들은 민주주의라는 형식은 존중하지만, 그것의 모든 실질적 내용은 비우려고 노력하고 있다. 결국 그들이 권장하고 있는 것은 우연의 일치인지는 몰라도 민주주의가 관철되기 이전의 사회에서 권력을 쥐고 있던, 바로 그 사회적으로 강하고 출세했던 집단들에게 가장 큰 이득을 주자는 것임이 드러났다.

모든 것이 정치적 문제인 것은 아니다. 사회민주주의자들이 국유화 요구를 버렸다는 사실은 모든 것이 정치체제를 통해서만 이루어질 수는 없다는 깨달음의 표현이었다(이에 대해서는 뒤의 '경제적 민주주의' 장에서 나중에 논의할 것이다). '참여'라는 넓은 의미에서의 민주주의는 단순한 대의 체제 이상을 의미하며, 시민들이 4년마다 유권자로서 주어지는 투표할 수 있는 기회보다도 더 많은 행동기회를 가질 것을 요구한다(이에 대한 더 자세한 논의는 뒤의 '공공부문'에 대한 장에서 다룰 것이다).

그런데 '국가'의 행위가 어디까지 허용될 수 있는가 하는 문제와 관련해 제기되는 논쟁에 대해 사람들은 매우 조심할 필요가 있다. 국가라는 말을 선택하면 매우 오해하기 쉽다. '국가'는 최고의 권력이라는 의미를 내포한다. 여기서 문제는 마치 공공기관이 해야 하는 일이 무엇인가를 다루는 것이라는 인상을 준다. 그러나 만약에 우리가 '국가'라는 말을 '민주주의'로 바꾼다면, 핵심 문제는 공공기관이 국민들을 위해 무엇을 해야 할 것인가 라기 보다는 오히려 국민들이 함께 하고 싶은 일이 무엇인가에 대해 어떤 의견을 내놓는가 하는 문제가 된다.

민주주의는 결코 인간의 자유와 인권에 대해 제한을 가하는 결정을 내릴 수 없다. 그러나 이러한 경우가 아니라면, 민주주의는 국가가 무엇을 하기를 시민들이 원하는가에 대한 결정을 시민 자신들이 내리는 문제다. 우리는 시민들로부터 이러한 권리를 빼앗는 규칙들을 도입할 수 없다. 그런데 이것은 민주주의의 범위를 어디까지 제한해야 하는가에 관한 논쟁의 일단에서 주장될 수도 있는 그런 것이다.

하지만 이러한 논쟁은 이상하게도 양분되어 있다. 한쪽에는 국민들이 지식도 풍부하고 또 유능하기 때문에 '국가'의 개입이 없이도 자신들의 일을 잘 해나갈 수 있다고 주장하는 사람들이 있다. 하지만 다른 한쪽의 사람들은 바로 이 지식도 풍부하고 또 유능한, 같은 국민들이 투표자로서 함께 결정을 내릴 때는 무책임하고 나쁜 결정을 내린다고 가정하고 있다. 우리는 여기서 1900년대 초 보편선거의 도입에 반대하는 주장에서 나타났던 일반 투표자들에 대한 경멸이 다시 희미하게나마 나타나는 것을 볼 수 있다.

사회민주주의는 과거에도 그랬지만 지금도 서로 조율하면서 현명한 결정을 내릴 수 있는 국민들의 능력을 믿는다. 이것은 또한 공동체의 책임과 개인의 책임 간의 경계선은 어디인가 를 결정하는 문제에서도 마찬가지다. 도대체 시민 공동체의 바깥에 있는 어느 누구가 이 경계선을 설정할 수 있단 말인가?

서문에서도 말했지만, 민주주의는 시민들이 공동의 관심사에 대해 결정하는 집단적 과정이다. 수많은 문제들은 우리 모두와 연관되기 때문에, 이것들은 반드시 누구나 영향을 미칠 수 있는 기회를 거친 결정을 통해서 해결되어야만 한다. 그렇지 않다면 커다란 혼돈과 끔찍한 불의만이 남을 것이다. 우리들 중 어느 누구도 자신의 하수처리장을 직접 만들 수는 없다. 시장은 모든 아이들에게 평등한 교육을 제공할 수 없다. 각자 자력으로 노인을 보살피는 것은 개별 가계에 너무나 큰 부담이 된다. 또 법정의 재판이 피고 변호인단에 의해서만 진행될 수는 없다는 것은 너무나 자명한 일이다.

개인의 생활 중에는 사회가 어떤 방식으로 조직화 되느냐에 따라 결정되는 것들이 많이 있다. 바로 이러한 이유로 우리는 설령 개인주의와 개인적 책임을 무척 강조하고 싶다 하더라도 민주주의적 과정의 문제, 의사결정의 집단적 형태를 결코 피할 수 없다. 그리고 또 바로 이런 이유 때문에 민주주의 또는 정치는 사회의 조직화에 영향을 주는 그런 결정들을 제대로 내리기 위해 효과적으로 정착되어야만 한다.

민주주의 내에서의 긴장

그런데 민주적 결정이 개인들의 발전과 복지에 이로운 사회구조를 만들기 위해 고안된 것이라는 사실은 이것을 통해 모든 개인들의 바람이 충족될 수 있다는 것을 의미하지는 않는다. 정치적 과정은 공동의 해결책을 찾는데 초점을 두고 있는데, 이것은—수많은 외부적 조건들, 예를 들어 경제적 자원 같은 것을 고려하면서—다수를 위해서 가장 현실적으로 가능한 해결을 찾는 과정책이다. 그러므로 민주주의는 자신이 원하는 것을 무조건 얻을 수 있는 권리로 정의될 수는 없다. 민주주의는 참여하고 영향을 미칠 수 있는 권리이지, 당신의 고유한 생각대로 결정을 강제할 수 있는 권리가 아니다. 오히려 정반대로 민주주의는 이루어진 결정에 대한 존중, 즉 자신의 바람과 정반대로 이루어진 결정에 대해서도 존중해 줄 것을 요구한다.

바로 여기서 우리는 민주주의에 내장된 불가피한 긴장을 볼 수 있다. 최종적 목표는 여러모로 볼 때, 개인의 자유와 안녕이다. 하지만 이에 도달하기 위한 수단은 집단적 협력이다. 왜냐하면 사람들은 자신들 개인의 복지를 위해서 서로 의존적인 사회적 존재이고 또 앞으로도 그럴 것이기 때문이다. 물론 집단적 협력은 근본적 한계가 있다고 경험할 수도 있다.

하지만 여기서 분명히 해야 할 점은 민주주의적 과정에 대한 대안은 누구나 자신의 바람만을 추구하는 '행복한' 무질서의 사회가 아니라는 것이다. 이런 사회는 모든 사람이 자신만의 복지를 위해 다른 모든 사람과 싸워야만 하고, 강자가 약자를 제거시키는 그런 사회다. 따라서 민주주의에 내장된 긴장은 긴장이면서 동시에 해결해 볼 만한 과제이고 또한 민주주의에 역동성과 활력을 불어넣는 요인이 될 수 있다. 즉 이것은 누구나 참여할 수 있는 기회를 가진 구조, 즉 타인들을 당연한 듯이 종속시키는 일부 사람들에 의해 사회질서가 만들어지지 않는 그런 사회구조를 만드는데 기여할 수 있다.

민주주의는 권리의 문제이지만, 동시에 책임의 문제이기도 하다. 즉 민주주의적 과정에 참여하고 그것을 살아있는 과정으로 만들 책임 말이다. 이러한 이유로 인해 사회민주주의는 마치 '시장' 같은 곳으로 일반적으로 표현되는 민주주의관을 거부한다. 즉 여기서는 투표자들이 제시된 정치적 견해들과 개혁공약을 이리저리 둘러보다가 자신에게 가장 잘 맞는다고 생각하는 것을 선택하는 것이다.

그런데 문제는 '시장'에 내놓고 제시해야 할 것들에 대해 누가 결정했느냐 하는 것이다. 비유적으로 말하자면, 민주주의는 여러 사람이 드나드는 광장이 아니라, 오히려 건축물과 같은 것이다. 즉 우리 모두가 설계도면에 대해 토론하고, 건축공사에 직접 참여하며 또 건축자재들이 가장 적절하게 사용되었는지에 대해 우리 모두가 책임을 지는 그런 건축물이다.

분석의 도구

마르크스주의

　이데올로기는 가치에 관한 내용뿐만 아니라, 사회 분석을 위한 도구들로 구성되어 있다. 즉 만약에 우리가 어떤 이념을 실현하고자 할 때, 변화되어야만 할 메커니즘에 대한 이해를 하기 위해 사용하는 도구들이다.

　칼 마르크스Karl Marx 1818~1883와 그의 이론은 사회에 대한 사회주의적 성향의 분석에 있어서 핵심적 역할을 하고 있다. 그런데 이 이론은 상당부분 프리드리히 엥겔스Friedrich Engels 1820~1895와의 공동 작업으로 만들어진 것이다. 하지만 개념으로서의 '마르크스주의'는 종종 잘못 이해되고 있다. 따라서 우리는 스웨덴 사회민주주의 이념의 발전에 있어서 마르크스주의적 분석이 차지한 역할에 대해 다루기 전에, 마르크스주의 개념 자체를 먼저 다루어야만 한다.

만약에 마르크스주의를 마르크스의 사회이론이라는 의미로 이해한다면, 그것은 정치적 이데올로기나 정치적 행동강령이 아니다. 칼 마르크스는 역사철학에 기반 한 발전이론을 만들었는데, 여기서 그는 유럽의 경제사, 사회사에서 출발하여 미래에 나타나게 될 사회발전 경향 같은 많은 결론들을 이끌어냈다. "공산당 선언"에서 인용하자면, "모든 역사는 계급투쟁의 역사다". 그리고 계급투쟁은 여기서 경제적 투쟁, 즉 생산수단 그리고 생산물의 분배를 좌우하는 권력을 둘러싼 투쟁을 의미한다.

마르크스는 사회주의 사회를 역사의 최종 목적지로 보았다. 이를 통해 그는 생산수단을 둘러싼 모든 투쟁이 사라진 사회를 꿈꾸었다. 하지만 마르크스가 볼 때, 이러한 최종 목적지는 생산력 자체가 기술적으로 변화한 결과 나타날 수 있는 것이었다. 즉 그것은 모든 사람들의 복지를 제공하기에 충분한 자원들을 생산할 수 있는 생산력을 의미하는데, 이 단계에서는 계급투쟁은 더 이상 필요하지 않게 된다. 마르크스에 따르면 자본주의는 바로 이런 과정에 있는 반드시 필요한 단계이지만, 사회주의가 도래하기 전의 마지막 단계라는 것이다. 즉 원래 모든 사람이 복지를 향유하기에 충분한 생산물을 창출할 수 있는 생산력의 발현은 자본주의를 통해서만 가능하다는 것이다. 그런데 자본주의는 이러한 생산력을 제대로 관리하고, 생산물을 공평하게 분배할 수 있는 능력을 내재적으로 가지고 있지 못하기 때문에, 이는 사회의 대혼란과 붕괴로 이어질 수밖에 없고, 결국 프롤레타리아 혁명이 터져 나오고 그 다음에 무계급 사회가 만들어진다는 것이다.

다른 말로 해서 사회주의 사회는 역사 발전의 불가피한 결과 당연히 오는 것으로서 간주되었지, 정치적 행동을 통해서 만들어지는 것으로는 간주되지 않았던 것이다. 실제로 마르크스주의 이론들은 단어의 진정한 뜻에서의 정치, 즉 사회를 변화시키는 수단으로서의 정치를 배제한다. 왜냐하면 원래 경제와 테크놀로지에 있는 어떤 규칙적인 과정들에 의해 사회발전이 전적으로 좌우된다고 보기 때문이다.

재해석된 마르크스주의

하지만 사회발전—특히 매우 장기적인 발전의 문제일 때—을 가만히 앉아서 기다리는 것은 정치적 행동 강령이라는 의미에서 보면 다소 김빠지는 일이다. 이것은 대중들이 겪고 있는 현재 일상생활의 조건들이 참기 어려울 때 그리고 변화를 바라는 그들의 요구가 거의 폭발적으로 강력할 때에는 더욱 김빠지는 일이다. 그래서 1800년대에 주로 일어났던 일들은 바로 이러한 발전 과정을 가속화시키기 위해 수많은 정치적 전략들을 개발하는 것이었다. 이러한 것들은 마르크스주의의 과학적 이론의 꼭대기에 위치한 정치적 상부구조라고 볼 수 있다.

앞에서 이미 설명했듯이, 사회주의 정당들은 두 개의 큰 경향, 즉 혁명주의와 개혁주의로 분열되었다. 혁명주의 정당들은 정치적(폭력적) 수단을 이용한 혁명을 통해 발전을 가속화시키려고 하였는데, 이들은 마르크스가 주장했던 혁명의 전제조건이 되는 생산요인들 간의 관계가 변화하는 것을 기다리려고 하지 않았다. 한편 개혁주의적 이념 경향은 사회정의와 평등에 대한 요구를 충족시키기 위해 사회 변화와 사회

개혁의 과정을 시작하길 원했는데, 이들은 마르크스가 주장했던 사회 개선의 전제조건인 혁명을 기다리지 않았다.

적어도 사회주의 역사의 초기단계에서는 어느 정당이 가장 교조적으로 옳은가, 즉 대개는 어느 당이 가장 마르크스 이론에 충실한가 하는 식으로 논쟁이 일어났다. 그러나 이런 식의 논쟁은 무의미한 것이다. 왜냐하면 마르크스주의 사상을 도입한 모든 정당들은 마르크스주의 내에서 필요한 부분들을 각자 나름대로 취사선택했고, 마르크스주의에 대한 제각각의 해석을 내놓았기 때문이다. 이러한 사실은—과거 소비에트 공산당이 자신들만이 진정한 마르크스주의 정당이라고 주장하긴 했지만—소비에트 공산주의에도 해당된다.

운명에 대한 지나친 믿음

그런데 마르크스에 지나치게 집착하는 이런 토론이 나타나게 된데에는 매우 특별한 이유가 있다. 마르크스주의는 사회주의의 필연성은 진정한 과학적 방식으로 증명될 수 있다고 주장했다. 그리고 마르크스주의적 이론 틀에서 벗어난다는 것은 사회발전으로 나아가는 길에 장애물을 놓는 것을 의미했다. 마르크스주의 내의 이러한 결정론적 요소—즉 역사의 발전은 특정한 방향으로 나아가도록 미리 정해져 있다는 생각—는 불행하게도 사회주의 사상에 치명적 손해를 끼치게 되었다. 만약에 발전이 이미 예정된 것이라면, 이를 이해하고 따라서 '진리'를 대변하는 사람은 다른 사람의 견해와 판단에 귀 기울일 필요가 없게 된다. 다른 사람들은 당연히 틀렸으며 따라서 하찮은 존재일 뿐이다.

이런 생각이 극단적으로 가면 사상의 자유를 억압하게 된다. '진정한' 노선으로 결정된 것에 대해 반대하는 사람들은 사회의 적으로 낙인찍히게 된다.

모든 결정론적 견해,—또는 다른 식으로 말한다면—좋은 사회에 도달하기 위해서는 우리가 가야만 할 길이 오직 한 가지 밖에 없다는 생각을 부추키는 모든 근본주의적 이데올로기들은 말 그대로 비민주주의적이다. 즉 모든 사람들이 하나의 유일한 방법을 따라야 한다는 요구는 자유로운 토론과 자유선거 속에서 자신들의 정책을 선택할 수 있도록 허용하는 민주주의적 요구보다 우세해지게 된다. 게다가 역사의 진리를 해석하는 데 있어서 지도 계급이 독점했던 이론에만 기반 하여 세워진 것이 분명한 소비에트 공산주의에서는 반민주주의적 요소들이 사회를 황폐화시킬 정도로 강해지게 되었다. 그리고 이것은 자유와 평등이라는 사회주의적 가치들과 직접적인 갈등을 빚는, 매우 부정적인 발전을 낳고 말았다.

마르크스는 거대한 이론모델을 통해 사회 발전을 요약하고 설명하려 하였는데, 이러한 시도는 1800년대에는 매우 흔한 일이었다. 사회 발전은 몇 가지 법칙들에 따라 이루어지고, 나아가 이 법칙들은 과학적 방법으로 발견되고 또 설명될 수 있다는 믿음은 당시 많은 사상 분야에서 일반적인 것이었다. 또 이러한 경향은 1700년대, 1800년대 초 자연과학의 급속한 발전에 의해 주로 고무된 것이기도 하다. 하지만 오늘날에는 자연과학자들조차도 순수 물리적 변화를 설명하는 데 있어서 법칙이라는 용어나 예언적 이론체계를 사용하길 꺼린다. 그리고 사회과학자들 중에서 자신들의 학문영역에서 그런 식의 설명이 가능하다고 주장하는 자는 자연과학자들보다 더욱 소수다.

그들이 할 수 있다고 말하는 것은 어떤 관계들을 설정하고 거기서 어떤 개연성을 찾는 것이다. 경제 속에서 작동하는 어떤 메커니즘들은 규명될 수 있으며, 또 일정 정도 이 메커니즘들의 효과가 예견될 수 있다. 하지만 수백만의 사람들이 살고 있으며, 매우 유동적인 욕구와 바람들이 수없이 나타나고, 또 수많은 매우 서로 다른 힘들이 부분적으로는 함께하고 또 부분적으로는 갈등하면서 움직이고 있는 경제와 사회에서, 우리는 어느 방향으로 사회가 변화할지에 대해 결코 확실히 알 수 없다. 왜냐하면 사회의 변화는 예정된 것이 아니기 때문이다. 사회가 어떻게 변화하는가는 사람들의 행위에 달린 것이다.

마르크스주의 이론은 과학적이고 체계적인 구성물이다. 하지만 이것은 다른 모든 과학적 이론과 마찬가지로 과학적으로 검증되어야 한다. 즉 그 이론이 예견하는 것이 옳은지를 입증하기 위해서는 현실에 비추어 증명되어야만 한다. 이러한 비판적 검토를 해보면 이미 우리는 체계적 구성물로서의 마르크스주의가 세상의 발전을 설명하고 예견하는 데 있어서 1800년대에 개발된 다른 이론 체계들보다 특별히 더 타당성이 있지는 않다는 것을 알 수 있다. 실제적인 하나의 커다란 이론체계를 구성하고 있는 것은 서로 다른 개별 이론들인데, 이 이론들 중에는 현실에 비추어 검증을 해보면 타당하지 못한 것들이 있다. 이러한 경우로는 예를 들어 마르크스의 노동가치론, 즉 생산물의 가치는 그것을 생산하는 데 들어간 노동시간과 정비례한다고 주장하는 이론이 있다. 이 이론의 기묘한 결론은 비효율적 노동조직이 효율적인 노동조직보다 더 가치 있는 생산물을 생산한다는 것이다. 그 이유는 비효율적인 노동조직이 생산물을 생산하는 데 더 많은 노동시간을 필요로 하기 때문이라는 것이다.*

*그러나 유감스럽게도 이런 식의 비판은 마르크스의 노동가치론을 심각하게 왜곡하고 있다. 노동가치론에서 핵심적인 것은 개별 노동조직의 노동시간이 아니라 사회적으로 평균적인 노동시간이며, 따라서 어떤 생산물을 생산하는데 A라는 노동조직이 사회적 평균 노동시간 보다 두 배의 노동시간이 걸렸다면, 그들의 노동생산물은 비록 개별적으로는 두 배의 노동가치를 가지겠지만, 사회적으로는 평균적 노동시간에 따른 노동가치 만을 가질 뿐이다. 따라서 당연히 다른 조직들에서 생산한 생산물보다 두 배의 가격으로 시장에서 팔릴 수는 없다. 즉 결과적으로 오히려 동일한 가치를 생산하는데 두 배의 시간만이 걸렸을 뿐이다. 역으로 어떤 B라는 노동조직에서 사회적 평균 노동시간보다 1/2의 시간으로 동일한 양의 생산물을 생산했다면, 이곳의 생산물은 상대적으로 적은 가치를 가지되, 사회적으로는 평균적 가치를 인정받게 된다. 즉 다른 노동조직에서 생산한 생산물과 같은 가격으로 팔리게 된다. 따라서 노동시간이 사회적 평균일 경우, 동일한 임금으로 더 많은 노동시간을 확보하는 것은 더 많은 가치를 생산하는 것이 되기 때문에 오늘날에도 적지 않은 나라에서 노동시간의 연장은 자본가의 중요한 관심이 되고 있다. 그런데 이러한 노동시간의 절대적 증대가 불가능한 경우, 정해진 노동시간 내에서 노동생산성을 올리거나, 노동 강도를 강화하려는 자본가의 노력이 필연적으로 나오게 된다. 그리고 모든 기업들이 노동생산성을 올리려는 것은 사회적으로 평균적인 노동시간보다 적은 노동시간을 들여서 다른 기업들보다 더 많은 잉여가치를 얻으려 하기 때문이다. 그리고 이러한 경쟁 과정에

하지만 마르크스의 다른 몇몇 이론들은 현실에 대한 우리의 지식을 발전시키는 데 매우 귀중한 도구가 될 수 있었다는 것을 보여주었으며, 오늘날 대부분의 사회과학에서 일반적으로 인정된 것들이다. 바로 이 점에서 우리는 마르크스 역시 아담 스미스Adam Smith와 존 슈트어트 밀John Stuart Mill과 같은 18세기, 19세기의 다른 경제, 정치사상가들과 동일한 운명을 겪었다고 말할 수 있을 것이다. 당시 사상가들의 이론 일부는 타당하지도 않고 또 어떤 부분들은 오늘날 시대와 맞지 않는 뒤떨어진 것이다. 하지만 그 중에는 경제적·사회적 분석에 있어서 오늘날에도 여전히 중요한 도구로 쓰이는 것들이 있다.

이 책에서 우리는 마르크스의 이론체계에서 두 개의 핵심적 개념들을 다루려고 하는데, 이 개념들은 사회민주주의와 사회주의 일반에서의 사상발전에 중요한 역할을 하였고 또—어느 정도는 더욱 발전된 형태로—분석의 중요한 도구로 남아있는 것들이다. 그것들은 바로 '역사에 대한 유물론적 시각'과 '계급투쟁'이다.

하지만 우리는 이 이론들을 사회를 이해하는 데 사용될 수 있는 도구로서 간주하지, 오늘날 정치에서의 정치적 과제들을 푸는 데 있어 이미 제시된 일련의 해답체계로 간주하지는 않는다는 점을 분명히 하고

서 기술과 노동생산성은 비약적으로 증가하게 된다. 마르크스는 바로 여기서 자본주의 생산력의 엄청난 발전가능성을 보았고, 이것이 이루어져야 비로소 사회주의 사회의 물질적 토대가 생겨날 수 있다고 판단했다('자본론' 1권 참조). 따라서 노동가치론에 대한 저자들의 빗나간 비판은 자본주의사회를 이해하기 위한 토대로서의 노동가치론의 의의를 제대로 이해하지 못한 결과라고 생각한다—역주.

싶다. 일부 사회주의적 논쟁 내부에서 마르크스는 때때로 어느 정도는 종교의 창시자처럼 대접받았다. 그래서 그의 말은 지도 지침이 되어 어떤 경우라도 이에 대해 의문을 품어서는 안 되는 것처럼 되었다. 오늘날의 논쟁에서도 이런 식의 해석들이 다시 나타나는 경향이 있는데 우리는 이런 편협한 교조주의에 대해 항상 경계하지 않으면 안 된다. 왜냐하면 이것이 얼마나 위험한 것인지, 얼마나 사회주의의 고유한 이상의 실현에 쉽게 상충되는지는 특히 사회주의의 역사 그 자체가 분명히 보여주고 있기 때문이다. 자유와 평등이라는 이상에 우리들이 좀 더 가까이 갈 수 있도록 해주는 방법은 오직 오늘날의 세계 상황 그리고 우리가 직면한 과제에 대한 비판적이고 열린 토론을 통해서만 찾을 수 있다. 마르크스 저작에 대한 교조적인 해석, 자구 그대로의 해석을 통해서는 결코 찾을 수 없다.

역사에 대한 유물론적 시각

옛날 역사책을 보면 구스타프 2세Gustav II Adolf*는 가톨릭의 위협으로부터 자신의 프로테스탄트 신자들을 지키기 위해 30년 전쟁에 가담했다고 말한다. 그런데 최근의 해석을 보면, 스웨덴이 전쟁에 개입한 이유는 그 이전에 이미 발트해Baltic states의 국가들과 폴란드에서 전쟁으로 나타났던 팽창주의 정책 때문이었고, 따라서 분명히 경제적 동기가 강

---

* 구스타프 2세, 1594~1632. 스웨덴이 근대국가로 발전할 수 있는 기초를 닦고 스웨덴을 유럽의 강국으로 만든 왕 —역주.

했다는 것이다.

이렇게 동일한 사건을 서로 다르게 설명하는 방식은 역사에 대한 관념론적 시각과 유물론적 시각의 차이를 아주 잘 보여준다. 역사에 대한 관념론적 시각에 의하면 발전의 동력을 제공하는 것은 이념이다. 대신에 역사에 대한 유물론적 시각에서는 그것은 경제적 욕구, 기술적 변화 그리고 이와 연관된 요인들의 문제다.

마르크스 역사관의 핵심에는 생산관계가 사회적 조직, 즉 '사회적 상부구조' 역시 규정하는 것이라는 생각이 있다. 옛날의 농경사회가 산업사회와 달랐던 것은 노동생활과 노동 조건뿐만이 아니었다. 정치적 조직과 생활방식, 사고방식이 달랐던 것이다. "물질적 생활의 생산형태가 사회적, 정치적 그리고 정신적 생활 과정 모두를 규정한다. 인간의 존재를 규정하는 것은 그들의 의식이 아니다. 정반대로 그들의 의식을 규정하는 것은 인간의 사회적 존재다"라고 마르크스는 자신의 저작 『정치경제학』에서 쓰고 있다. 마르크스가 의미하는 것을 대략 이야기하자면 사회가 어떻게 구성되는가를 규정하는 것은 이념이 아니라, 오히려 기술과 경제에 의해 만들어진 생활조건들이고, 이것이 이념을 규정한다는 것이다.

이에 대한 적절한 예로는 이자에 대한 우리의 관념의 변화를 들 수 있다. 중세 초기에는 어떤 것을 빌려주건 간에 그로 인해 이자를 취하는 것은 범죄였다. 당시 기술수준으로 볼 때, 원활히 작동하는 금융시장을 필요로 하는 거대 교역과 기업들은 존재하지 않았다. 하지만 기술발전에 의해 가능해진 대규모 사업들이 생겨남에 따라 돈을 빌려야 할 필요성도 증가하였다. 그리고 그렇게 위험한 사업을 추진하기 위해 돈을 빌리려면, 그에 대한 보상을 해야만 했다. 이런 과정 속에서 이자에 대한 도덕적 혐오의식은 점차 사라졌던 것이다.

기술의 발전, 변화된 교역 형태 그리고 기타 등등을 통해 생산조건들이 변화하면, 정치적, 사회적 생활 조직도 변화하지 않으면 안 된다. 산업사회의 도래와 더불어 의회 내의 과거 정치적 계급들은 더 이상 독점적 지위를 유지할 수 없게 되었다. 그리하여 상하 양원제의 의회가 생겨났다. 산업이 더 중요해지고, 또한 산업 내의 노동자도 사회적으로 중요해지면서 이들을 선거권에서 배제시키는 것은 불가능해졌던 것이다. 『정치경제학 비판』에서 다시 인용하자면, "경제적 토대의 변화와 더불어 거대한 상부구조가 다소의 급격한 변천과정을 겪는 것이다".

경제적 힘이 '상부구조'를 규정한다는 생각은 당연히 많은 정치적, 사회적 가치들이 생겨난 원인은 경제적 조건에서 찾을 수 있다는 견해로 이어진다. 즉 "경제적 이해는 결코 거짓말을 하지 않는다"는 것이다. 1700년대 자유주의의 자유 이데올로기 뒤에는 교역과 산업의 팽창을 방해했던 지주 귀족들의 특권을 분쇄하고자 하는, 성장하는 상공인 계급들의 욕구가 있었음을 분명히 찾을 수 있다. 마찬가지로 사회주의적 자유와 평등에 대한 증대하는 요구 뒤에는 상공인 계급들의 특권을 분쇄하려는, 노동하는 하위 계급들의 욕구가 있다는 것을 알 수 있다.

그런데 이러한 사실(즉 이념 뒤에는 경제적 이해가 숨어 있다는 사실—역주)이 자유와 평등이라는 이념의 타당성을 결코 훼손시키지는 않는다. 또 때로는 커다란 개인적 위험을 감수하면서 이러한 이념을 위해 투쟁하는 사람들의 헌신성을 훼손시키는 것도 아니다. 각 개인들이 '역사'의 추동력은 어떤 것이라고 나름대로 믿든지 간에 상관없이, 개인들이 강한 관념적 사상에 따라 행동할 수 있다는 사실은 부정할 수 없는 것이다. 하지만 위의 사실을 통해 우리는 왜 다른 정치적 이해집단들이 예를 들어 '자유' 같은 용어들을 그렇게 서로 다른 방식으로 해석하고 또 자유의 서로 다른 측면들을 강조하는지를 잘 이해할 수 있다. 다시 말하자면 중요한 문제는 '누구를 위한 자유인가?' 그리고 '무엇을 위한 자유인가?'이다.

이것은 또 왜 사회주의적 사유방식이 경제와 경제적 조직에 강한 관심을 가져왔는가를 잘 설명해준다. 즉 경제와 노동생활이 조직화되는 방식과 사람들의 기본적 이상, 즉 민주주의와 자유 같은 이상의 실현을 위해 사회가 제공하는 기회들 간에 분명한 연관성이 존재한다는 것을 알 수 있다. 만약에 노동생활이 사람들을 중요한 자와 중요하지 않은 자, 권력을 가진 자와 권력이 없는 자, 타인에 대해 결정하는 자와 자기 자신에 대해서조차 결정하는 것도 허용되지 않는 자로 나눈다면, 모든 사람이 평등한 시민으로서 정치적 과정에 참여할 수 있다는 이념에 기반한 진정한 민주주의는 불가능하다. 생산관계에서 만들어진 태도는 정치적 생활에서도 다시 나타나게 되는 것이다. 따라서 만약에 우리가 독립적이고 책임감 있는 시민들의 정치적 민주주의를 원한다면, 우리는 종업원들이 독립적이고 책임감 있게 행동할 수 있는 그런 노동생활을 가져야만 한다. 그들이 단지 명령이나 수행하고 자신의 의견을 표현할 권리가 없는 그런 노동생활을 가져서는 안 된다.

이러한 입장에 따르면 정치적 민주주의는 경제의 규칙이 자본소유자의 이윤—즉 다른 사람의 희생이 얼마나 되는지 고려하지 않는 이윤—이라는 관점에서만 만들어져서는 안된다는 것을 필요로 한다. 경제의 규칙은 대다수 노동대중들이 성장하고 발전할 수 있는 기회는 물론, 건강을 위협하지 않는 노동조건 또는 자신의 일자리에 대해 영향력을 행사하고, 자의적인 처우를 막을 수 있는 권리처럼, 이들의 이해와 요구를 고려하는 관점에서 제정되어야만 한다. 다시 말해서 우리가 자유와 민주주의가 있는 '사회적 상부구조'를 가지길 원한다면, 우리는 경제적 토대, 즉 생산영역을 이러한 이상에 일치하도록 만들어야만 한다. 그렇지 않으면 이러한 이상은 유토피아에 지나지 않을 것이다.

이미 앞에서 지적했듯이, 스웨덴 사회민주주의자들에게 있어서 이러한 주장은 기업의 개인적 소유가 금지되어야 한다는 것을 의미하지 않는다. 그리고 분명히 사업에 필요한 기본 요건들, 예를 들어 수입과 지출이 균형을 이루어야 한다는 사실을 무시해도 좋다는 것이 전혀 아니다. 하지만 이러한 주장은 시민들이 자신들이 선출한 대표제도를 통해서 기업 활동에 필요한 사회적 조건들('게임의 규칙')에 대해 공동으로 결정할 수 있어야 한다는 사실을 의미한다. 그리고 피고용인들이 작업장에서 그리고 자신들의 노동조합을 통해서 일상의 작업 방식은 물론 임금과 노동조건에 대해 영향을 미칠 수 있어야 한다는 사실을 포함한다.

이념의 역할

자신이 진정한 역사적 유물론자라고 생각하는 사람들은 이념, 이데올로기는 사회발전에 아무런 의미가 없다고 생각한다. 하지만 사회민주주의는 바로 이런 식의 도식화된 시각을 거부한다. 당연히 우리는 이념과 이상을 경제적 이익을 위한 기계적 도구로만 간주할 수 없다. 자유와 평등, 정의와 자비 같은 이념들은 생산기술과 경제구조의 수준에 상관없이 모든 시대에 존재해왔다. 이 이념들은 물론 우리가 사회적 생활이라 부를 수 있는 것들에 많은 영향을 주었다. 즉 사람들은 언제나 늙고 병든 자들을 보살펴왔고, 모든 사회는 돌봐줄 친척들이 없는 사람들을 보살펴 줄 수 있는 일정한 장치들을 이러 저러한 방식으로 가지고 있었다. 이런 의미에서 이념과 이상은 사회를 구성하는 데 있어 항상 나름대로의 독자적인 영향을 미쳐왔다.

그러나 어떤 특정 이념을 향한 정치적 돌파는, 이른바 그 돌파에 필요한 경제적 수단들이 존재하기 전까지는, 또는 다른 식으로 표현해서 생산력이 그러한 기회를 제공하기 전까지는 결코 성공하지 못했다. 귀족들의 특권에 맞서 일어난 중세의 농민봉기는 실패했다. 하지만 17, 18, 19세기에 있었던 상인들과 산업자본가들의 공격은 성공하였다. 그 이유는 그들이 구 귀족들의 토지소유 경제가 가지고 있던 것보다도 더 근대적이고 더 효율적인 생산제도를 대변했기 때문이다. 따라서 경제적 변화와 새로운 사회적 이상의 출현 간에 깊은 연관성이 존재한다는 것은 의심할 여지가 없다.

계급투쟁

마르크스에 의하면 역사의 진보는 생산 수단과 생산물의 분배를 둘러싼 투쟁에 의해 규정된다. "모든 역사는 계급투쟁의 역사다." 여기서 '계급'은, 생산수단과의 관계에 의해 결정된 동일한 경제적 집단에 소속된 사람들을 의미한다. 가장 결정적인 계급 간의 장벽은 생산수단, 즉 토지, 돈, 기계 같은 것을 소유한 사람들과 자신의 노동력 말고는 가진 것이 전혀 없는 사람들 간의 장벽이다.

기술적 발전의 특정 단계에서 가장 중요한 생산수단을 소유한 자들은 사회에 대한 권력 또한 가지게 된다. 권력을 가지지 못한 자는 이에 저항하여 반란을 일으키려 하지만, 마르크스주의 이론에 의하면, 생산 기술이 변화하기 시작하여 생산의 다른 요인들이 지배적으로 등장할 때까지는 어떠한 변화도 일어날 수 없다. 따라서 바로 이런 생산의 다른 요인들을 통제할 수 있는 집단—계급—이 새로운 권력집단이 되는 것이다.

이 경우, '계급'은 사회적 집단과는 매우 다른 어떤 것을 의미한다. 생산수단의 소유 여부에 의해 정의된 계급 개념은 심지어 마르크스가 살았던 시대에도 명확하게 해석될 수 있는 것이 아니었다. 실제로 마르크스는 재산이 있는 자본소유자나 재산이 없는 프롤레타리아트로 분류될 수 없는 수많은 경제적 집단을 위해 '중간계급'이라는 개념을 도입해야만 했다. 따라서 과거 보다 더욱 복잡한 오늘날의 경제에서 계급 개념은 제대로 다루기가 더욱 어렵다. 생산수단의 소유 여부가 계급 구분의 기준으로 사용되면, 사적 기업 부문의 전문가들은 많은 돈을 받지만,

고용된 사람들이기 때문에 노동자 계급으로 분류되고, 한 명의 파트타임 노동자를 데리고 있는 피자가게 주인은 자본가 계급으로 분류된다.*

또 1900년대는 생산수단과의 관계—계급—만이 사회 내 사람들을 구분하는 유일한 기준이 아니라는 것을 분명히 보여주었다. 성차별 역시—비록 구분하는 방식에 있어 다른 특징을 가지고 있지만—역사적으로 계급 못지않게 사람들을 서로 다른 집단으로 구분하는 데 큰 역할을 한 중요한 변수다. 그리고 종교 또는 종족적 배경도 어느 정도 강력한 구분 기준으로 작용할 수 있다.

게다가 정치적 민주주의와 노동조합은 기존의 권력구조에 큰 영향을 주었다. 그 덕분에 오늘날 생산수단의 소유 여부는 19세기에 그러했던 것과 같은 정도로 사람들을 구분하는 기준은 아니다.

앞에 말한 이 모든 것들은 우리가 계급 개념 하나만 가지고는 현대 사회의 여러 불평등을 충분히 설명할 수 없다는 것, 그리고 이러한 불평

---

*저자의 이러한 계급분류는 마르크스의 계급이론에 대한 이해가 그리 깊지 않은 데서 나온 듯하다. 물론 마르크스주의 계급론이 정확한 계급분류에 있어서 일정한 문제점이 없지는 않지만, 적어도 한 명의 파트타임 노동자를 데리고 있는 피자가게 주인을 자본가 계급으로 분류하지는 않는다. 자본가 계급은 타인의 노동력 만으로도 자신의 생활재 생산이 가능한 자이다. 따라서 예를 들어 5~7명 또는 그 이상의 노동자들을 데리고 피자가게를 운영한다면 그는 자본가 계급으로 볼 수도 있지만, 자신이 절대적으로 노동자들과 함께 일을 하지 않으면 안 되는 경우, 그 피자가게 주인은 마르크스주의 계급론에서 자영 중간계급으로 분류되어야 한다—역주.

등 생산 영역에서의 변화만으로는 해결될 수 없다는 것을 의미한다. 하지만 계급 개념은 노동생활과 경제 양자에서의 종속과 지배를 가르는 기준을 이해하는 데 사용할 경우, 분석의 도구로서 유용하다.

하지만 모든 일을 무조건 종속과 지배로 선을 그어서 나누어 볼 필요는 없다. 피고용인과 주주는 '그들의' 기업이 튼튼해지고 성공하는 데 공통적으로 관심이 있다. 왜냐하면 기업이 잘되는 것이 고용을 안정시키고, 자본을 안정적으로 회수할 수 있는 토대가 되기 때문이다. 그러나 기업이 튼튼해지려면 어떻게 해야 하는가를 둘러싸고 집단들 간에 결정적 차이가 있을 수 있다. 피고용인에게 압박을 가한 대가로 얻는 생산성의 증가는 주주에게는 매력적으로 보일 수 있다. 즉 동일한 임금을 지불하면서 일을 더 시킬 수 있기 때문이다. 하지만 피고용인의 입장에서는, 스트레스의 증가와 때로는 산업재해의 위험성의 증가로 나타나는 이런 식의 희생은 너무나 큰 것일 수 있다.

한편 주주들이 (산업재해 보험료를 부담하는—역주) 납세자의 관점에 선다면, 아마도 위의 결과로 인해 재해를 당한 자들을 돌보는 비용이 서서히 증가하여 오히려 생산성의 증대에서 얻은 이윤보다 더 많은 조세를 부담하게 되는 결과를 초래할 것이다.

노동법의 문제를 둘러싸고 노동시장 내 두 집단들 간의 계속 반복되는 갈등은 마찬가지로 권력이라는 관점, 또는 계급적 시각에서 설명될 수 있다. 만약에 누군가가 해직 통고를 받는다면—그 해직 근거가 무엇이든 간에—그 결정은 고용주 혼자서 결정하도록 허용되어야 하는가? 아니면 해직 통고는 오직 확실한 근거에 입각해서 그리고 노동조합의 종업원 대표들과의 협상이 있은 후에만 허용되어야 하는가?

일반적으로 종종 기업 경제라는 관점에서 무엇이 합리적인가라는 식으로 토론이 진행되곤 한다. 하지만 결국 여기서의 핵심 쟁점은 노동에 대한 권력을 어디에 줄 것인가다. 즉 피고용인들이 자신의 작업장에 영향력을 가지고, 실직의 위험이 없이 자신들의 고용주에게 반대할 수 있는가? 아니면 피고용인들이 고용주의 일방적인 판단에 따라 채용되기도 하고, 또 내팽겨쳐지기도 하는 기계적인 '생산요소'로서 간주되어야 하는가의 문제다.

계급 개념이 우리에게 가르쳐주는 것은 다음과 같은 문제제기들이다. 누구에게 이익이 되는가? 사회 내의 다양한 집단들은 특정한 행위로 인해 어떠한 영향을 받는가? 특정한 형태의 정치적 행동을 통해 어떤 종류의 종속과 지배가 만들어지는가? 이러한 문제들은 물론 다른 불평등 요인들, 즉 성차별이나 민족적 차별을 다룰 때에도 제기되어야 한다.

이러한 문제제기를 하는 것은 중요한데, 특히 우리가 살고 있는 격변의 시대에는 더욱 그렇다. 이전에 잘 들었던 많은 처방약들이 더이상 효과가 없다고 치자. 이 경우 우리는 새로운 처방약을 그것이 단지 새로운 것이라는 이유로 무비판적으로 꿀꺽 삼키지 않는 것이 중요하다. 오히려 그 대신에 그 약이 누구에게 도움을 주고 누구에게 해가 되는지를 살펴보는 것이 중요하다. 즉 다시 말해서 생산에서의 불가피한 변화가 새로운 계급적 불평등, 그리고 노동생활에 대해 권력을 휘두르는 자와 그렇지 못한 자 간의 새로운 불평등을 야기하지 않도록 하기 위해 우리가 무엇을 할 수 있으며 또 무엇을 해야 하는가를 검토하는 것이 중요하다.

계급 개념을 사용하면, 우리는 이러한 변화들이 우리 머리 위에 거대한 모습으로 홀연히 나타나고 있다는 것을 알 수 있다. 산업사회를 대체하는 하이 테크놀로지에 기반 한 사회에서는 지식이 더욱 중요한 역할을 한다. 마르크스주의적 용어를 빌리자면, 우리는 지식이 빠른 속도로 생산의 가장 중요한 요소가 되어가고 있다고 말할 수 있다. 이 과정에서 지식을 가진 자에게는 권력이 주어지지만, 그렇지 못한 자는 뒤에서 질질 끌려가고 있는 자신을 발견할 뿐이다. 이에 대한 사회민주주의의 분명한 전략은 지식이라는 생산요소를 대다수의 사람들에게 확산시키는 것이다. 이 전략의 동기는 경제적이며 동시에 이데올로기적이다. 우선 모든 노동력이 높은 수준의 지식을 가지는 것은 한 국가로서의 스웨덴이 자신의 경제를 제대로 운영하고, 복지시스템을 유지하는데 필요한 전제조건이다. 나아가 지식 - 자본knowledge-capital을 공평하게 모든 사람에게 확산시키는 것은 시민들 간의 평등을 이룩하기 위한 전제조건이다.

현실 정치

사회민주주의가 과거로부터 물려받은 이념적 유산들에는 자유와 평등이라는 고전적 이상 또는 역사에 대한 유물론적 시각 같은 고전적 분석 도구들만 있는 것은 아니다. 여기에는 또한 정당 100년의 역사에서 만들어진 것들도 있다. 즉 현실정치의 요구와 경험을 통한 학습이 상호작용하는 속에서 발전된 이념들이 존재한다.

우리는 사회민주주의의 발전에 대해서는 나중에 정치의 몇 가지 영역을 다루면서 논의할 것이다. 여기서 우리는 오히려 이데올로기와 현실 정치 간의 상호작용 문제를 다루고자 한다. 왜냐하면 양자 간의 상호작용은 있을 수밖에 없기 때문이다. 우리는 이론이라는 형태로 사회가 어떻게 발전할 것인가 또는 좋은 사회질서는 어떤 것이어야 하는가 라는 문제들에 대해 자세히 해답을 제시할 수 있다. 물론 이론을 세우지도 않고 먼저 해답을 제시할 수는 없다. 그러나 이와 달리 정책들은 계속해서 검증되어야만 하는데, 이때의 검증수단으로는 길잡이 역할을 하는 이데올로기도 중요하지만, 무엇이 가능하고 또 어떤 해결책이 실행 가능성이 있는가 라는 문제의식의 출발점이 되는 실제적 경험도 중요하다.

사회가 어떤 모습이 되어야만 하는가에 관한 이념은 물론 모든 정치의 출발점이다. 이것은 우리가 이루고자 하는 목표이기도 하다. 하지만 이념이 그렇다고 해서 우리는 우리가 이루길 원하는 모든 것을 당장 실현할 수 있다고 이야기할 수는 없다. 이것은 또 이상과 일상의 현실 간에 존재하는 모든 괴리들을 이상이 우리를 속였다는 식으로만 설명해서는 결코 안 된다는 것을 의미한다.

모든 정치는 현실적으로 존재하는 전제조건들을 출발점으로 삼아야만 하는데, 경제적 문제일 경우 더욱 그래야만 한다. 우리는 지금으로부터 20년 뒤에나 보유할 수 있는 재정을 생각하면서 오늘날의 개혁을 돌파할 수는 없다. 즉 현실적 전제조건들이 없는 상황에서 어떤 개혁 목표가 무조건 가치 있다고 말할 수는 없다. 우리는 주변 환경적 여건들,

예를 들어 국제경제의 주기 또는 산업의 경쟁력에 의해 만들어진, 정치에 가해지는 제약을 무시할 수 없다. 물론 우리는 이러한 제약을 다루는 방법들 중에서 하나를 선택할 수는 있다. 하지만 우리는 이러한 제약들이 정치에 강요하는 요구가 싫다는 이유만으로 그것들이 현실적으로 존재한다는 사실을 결코 무시해서는 안 된다.

지난 1990년대의 대규모 재정적자(스웨덴)를 예로 들어 보자. 재정적자를 줄이기 위해 우리는 여러 종류의 조세를 인상하는 방법 그리고 재정지출을 삭감하는 방법 둘 중 하나를 선택할 수 있다. 또 이 두 가지 방법을 여러 형태로 적절히 섞어서 사용할 수도 있다. 하지만 재정 적자를 그 상태 그대로 방치하는 것만은 선택할 수 없다. 그럴 경우 이것은 결국 재정 건전화로 인해 생긴 것보다 상당히 더 큰 경제적 시련을 야기하는 경제적 문제를 낳게 될 것이기 때문이다.

이것은 역사에 대한 유물론적 시각에서 보면 당연한 결과라고 볼 수 있다. 외부적, 물질적 전제조건들은 정치적으로 가능한 것들의 기본 틀을 규정한다. 구스타프 묄러Gustav Möller는 1940년대와 50년대에 사회복지부 장관으로서 대대적인 개혁을 단행하였다. 그가 자신의 책무에 너무나 헌신적이었다는 것, 즉 개인적으로도 어려웠던 시절의 경험을 기반으로 가난한 자들과 사회적으로 소외된 자들을 위해 열심히 일했다는 것을 의심했던 사람은 한 명도 없다. 그러나 처음의 대 개혁법안(1947)안에 향후 복지개혁의 진전은 경제발전의 정도에 따라 이루어져야 한다고 쓴 사람도 바로 구스타프 묄러 자신이었다.

물론 외부적 전제조건들을 변화시켜서 각 개인들이 자신의 고유한 가치를 실현할 기회를 더 많이 제공하려고 노력하는 것은 정치의 임무다. 그러나 이것은 보통 매우 장기적인 프로젝트다. 돈을 벌기도 전에 먼저 돈을 쓸 수는 없는 일이다. 벽과 지붕이 제자리에 놓이기도 전에 새집으로 이사할 수는 없다. 집짓기를 시작하기 전에 어쨌든 먼저 땅을 마련해야만 하고, 또 집짓기 그 자체는 매우 힘든 노력과 많은 시간의 노력을 다 필요로 한다. 1890년대에 벌어졌던, 보편선거권과 8시간 노동일을 쟁취하기 위한 투쟁은 20년도 더 지나서야 결실을 맺을 수 있었다. 1990년대 정부의 재정을 정비하는 데 들인 노력은 장기적으로 볼 때 복지 시스템을 안정화시키는 데 필요한 것이었지만, 단기적 관점에서 보면 불가피한 희생을 요하는 것이었다. 또한 1990년대 교육에 들인 대대적인 노력은 장기적으로 일자리와 복지를 안정화시키기 위해 필요했던 것이지만, 이러한 노력은 1, 2년 뒤에 바로 성과가 나타나는 것은 아니다.

정치는 의지의 문제다. 즉 변화시키려는 의지, 꿈과 이상을 실현시키려는 의지의 문제다. 그러나 분명히 정치는 속임수를 쓰는 문제는 아니다. 하루하루 일상이라는 관점에서 보면, 정치는 외부적 조건이 허용하는 것보다 더 많은 것을 이룰 수 없다. 그리고 이러한 조건들이 정말로 조금의 다른 여유도 주지 않는 상황들도 존재한다. 장기적 관점에서 볼 때 정치는 이러한 조건들을 변화시킨다. 하지만 그럴 경우 우리는 이를 이룩하기 위해 많은 시간과 많은 용기가 필요하다는 사실을 인식해야만 한다.

또 하나의 중요한 경험적 교훈은 목적과 수단을 혼동하지 않도록 조심하는 것이다. 하지만 이것은 불행하게도 좌파와 우파에서 공통적으로 종종 저질러지는 실수다. 공산주의 계열에서 이것은 완전한 국가 소유 경제는 곧 자유롭고 평등한 사회라는 잘못된 견해로 이어졌다. 또 보수주의 측에서도 사기업과 경제적 효율성을 똑같은 것으로 간주하는 동일한 잘못을 저질렀다. 그리하여 이들은 오늘날 세계에서 사적 자본의 대대적인 투기 경향 때문에 세계 경제 전체의 안정성과 효율성이 위협받고 있다는 사실을 무시하고 있다.

우리들의 견해로는 정치 전략은 물론 정치 행위도 그것들이 실제로 이룬 것이 과연 무엇인가라는 관점에서 항상 평가되어야만 한다. 즉 그것들이 우리가 설정한 목표에 맞는 방향으로 발전을 촉진시켰는가 아니면 완전히 다른 방향으로 발전을 잘못 유도했는가 라는 것이다. 만약에 후자의 경우가 사실로 드러나면, 사용된 수단이 재검토되어야만 한다는 것은 자명하다. 마찬가지 방식으로 우리는 이미 이루어진 정치적 실천들도 재검토할 준비가 되어 있어야 한다. 즉 이 실천들이 과거에 통했던 것처럼 오늘날도 제대로 기능을 다할 수 있을까? 또는 사회의 변화로 인해 더 이상 과거처럼 제대로 작동하지 않는 것은 아닐까? 또는 더 나아가서 아마도 과거에 했던 똑같은 방식은 오늘날 더 이상 필요하지 않게 된 것은 아닐까? 라고 따져 보아야 한다.

세 번째 교훈은 사회는 결코 완전하지 않다는 사실이다. 아마도 많은 사회민주주의자들의 마음 한구석에는 역사가 발전하다 보면 언젠가는 이상적 사회—즉 모든 것이 영원한 조화를 이루는 상태인 사회—가 올 것이라는 마르크스주의적 사고의 유물이 남아있을 것이다. 하지만 사회는 끊임없이 발전하고 변화하는 것으로서, 많은 서로 다른 힘들이 작용하고, 새로운 문제가 불쑥 나타나기도 하고 새로운 욕구와 경험을 가진 새로운 세대가 등장하기도 한다. 따라서 사회에 대한 요구 그리고 경제, 정치에 대한 요구 또한 끊임없이 변화하는 것이다.

혼합된 이념적 유산

앞의 서문에서 우리는 사회민주주의 이데올로기는 많은 뿌리를 가지고 있다고 말했다. 이러한 많은 사상적 유산들은 실제로 어떤 획일화된 틀에 넣을 수 있는 것들이 결코 아니다. 분석 도구들의 도움으로 우리는 어떤 가치가 실현되어야 하는가 뿐만 아니라 무엇이 문제시되어야 하는가도 검토할 수 있다. 하지만 가치와 분석은 처음부터 동일한 사상체계 내의 부분들이 아니다. 그것들은 현실 정치라는 작업 속에서 그리고 최초의 이론모델이 제시된 이래 오랜 세월을 거친 이론적 논쟁 속에서 마치 천이 짜여지듯이 함께 엮어진 것이다. 자유, 평등 그리고 형제애에 관한 사상은 계급투쟁 그리고 사회주의를 향한 진보의 운동 같은 마르크스주의 이론들 보다 훨씬 오래된 것들이다. 비록 마르크스 자신이 매우 웅변적으로 사회정의에 대한 비판적 논의를 전개했지만, 실제로 마르크스주의에는 도덕 철학이 부족하다. 하지만 마르크스주의는, 우리가 앞서 말했듯이, 역사철학에 기반 한 사회발전에 관한 이론이고 모든 다른 과학적 이론과 마찬가지로 무엇이 진실이고 아닌지 무엇이 올바른 것인지를 보여주려 하고 있다.

자유, 평등 같은 가치적 용어로 표현되는 이데올로기적 - 유토피아적 전통과 마르크스주의적 '과학적 사회주의' 전통 간에는 실제로 긴장이 존재한다. 마르크스는 이른바 유토피아 사회주의자들(비록 이들 중 상당수는 매우 실천적인 정치가들이었지만) 문제가 나올 때면, 그들을 매우 경멸적으로 표현하고는 하였다. 왜냐하면 그가 볼 때 사회의 변혁은 이상에 근거해서는 안 되고, 오히려 역사의 발전 도식이 요구하는 것들에 근거해야만 하기 때문이다.

사회는 법칙에 근거하여 발전한다는 것, 따라서 정치적 행위는 객관적 발전도식에 부합하는 수단들을 가지고 추진해야만 한다는 이러한 이념은 이데올로기적 가치 개념과 자주 갈등을 일으켰다. 이에 관한 가장 경악할만한 사례는 물론 소비에트 체제다. 여기서는 '과학적 사회주의'라는 발전 도식에 대한 과도한 충성이 자유, 평등 그리고 연대라는 이상을 직접 억압하는 결과를 낳았던 것이다. 그런데 '올바른' 사회조직화와 방법을 둘러싼 논쟁이 자유와 평등을 위해 무엇이 필요한가 하는 논의보다 얼마나 크게 중요시 되었는가를 보여주는 사례들이 여럿 있다. 종종 자유에 대한 요구―예를 들어 제국주의 세력에 저항하는 민족해방운동에 대한 지지―를 출발점으로 했던, 1960년대, 70년대의 급진적인 논쟁은 많은 경우 조직에 관한 매우 형식적인 논의로 끝났으며 따라서 자유와 평등에 대한 요구는 한구석으로 밀려나고 말았다.

만약에 우리가 사회민주주의처럼, 법칙에 얽매인 사회발전 이념을 제쳐놓고 그 대신에 사회발전을 인민들의―개인적이면서 동시에 사회적인―고유한 의지와 참여의 결과로 본다면, 이념, 즉 '유토피아적 이상'은 (물론 특정한 분석도구의 도움이 수반되어야 하지만) 가장 중요한 것이 된다. 중요한 문제는 어떤 사회조직화가 가장 옳은 것이냐 하는 것이 아니다. 진정 중요한 것은 어떤 방법을 통해 우리는 우리의 이상을 가장 잘 추구할 수 있는가 그리고 어떤 정책이 우리가 이루고자 하는 목표를 향한 장기적 발전에 최선의 도움이 될 수 있는가 하는 것이다.

이러한 관점에서 볼 때, "계급정당이냐 국민정당이냐"* 라는 사회

*이 문제는 쉐보르스키와 스프라그의 이른바 '선거 사회주의 딜레마'(Przeworski, A. and J. Sprague, *Paper Stones. A History of Electoral Socialism*, Chicago, 1986, p. 55)에서 제기된 것이다. 이들은 노동자들이 사회 내에서 과반수를 차지할 수 없기 때문에 사회민주주의의 원래 목적(노동자계급의 해방)은 노동자들만으로는 안 되며, 따라서 사회 내의 다른 계급의 지지를 구할 수밖에 없다고 보았다. 그런데 바로 여기서 딜레마가 생겨난다는 것이다. 즉 선거에서 이기기 위해서는 사민주 정당은 초계급적인 입장을 취해야 하는데, 이렇게 할 경우 중간층의 지지는 확대하겠지만, 노동자 계급의 지지를 얻지 못한다는 것이다. 또 역으로 강한 계급전략을 추구할 경우, 노동자계급의 지지를 유지할 수는 있어도 불가피하게 소수당으로 남아있게 된다는 것이다. 그러나 이 '선거 딜레마 명제'는 실제로는 서구 사민당들의 선거결과와 맞지 않는다. 서구 사민주 정당들은 상대적으로 육체노동자 층의 지지를 상실했지만, 이러한 육체노동자 지지율의 감소는 전체 인구구조에서 이들이 차지하는 비율이 줄어들었기 때문에 나타난 것이다. 그리고 전체 선거 인구에서 육체노동자가 차지하는 비율과 사민주의 정당 지지층에서 육체노동자가 차지하는 비율을 비교해 보면, 육체노동자들이 사민주의 정당에 대한 지지를 철회하는 현상은 거의 나타나지 않고 있다. 그리고 육체노동자의 실질적 지지율이 거의 변화가 없는 반면, 사무직 노동자들의 지지율은 증가하였다. 이렇게 볼 때, 비록 나라마다 차이는 있지만, 사민주의 정당들은 사회 계급구조의 변화에 잘 부응하고 있

민주주의에 대한 낡은 질문은 문제제기 자체가 잘못되었음이 드러났다. 왜냐하면 이 질문은 가장 중요한 것은 특정한 정치적 형태라는 견해에 기반하고 있기 때문이다. 사회민주주의는 자유, 평등, 연대 그리고 민주주의를 위해 일하는 정당이다. 그리고 당연히 이런 사회민주주의적 노력들은 항상 자신의 출발점을 너무 자유가 없거나, 현존하는 불평등 사회에서 가장 고통 받는 사람들의 욕구에서부터 삼을 것이다. 자유, 평등, 연대 그리고 민주주의에 기반 한 사회야말로 진정 모두를 위한 사회임에 틀림없다.

는 것이다. 따라서 사민주의 정당들은 사회 계급구조의 변화 그리고 그로 인한 선거 딜레마로 인해 몰락하게 될 것이라는 주장은 맞지 않는다. 왜냐하면 '계급구조'가 변화한다고 해서 '계급 형성' 또는 '계급 동맹'의 가능성마저 없어지는 것은 아니기 때문이다. 이에 대한 자세한 논의로는 Merkel, W., *Ende der Sozialdemokrarie?: Machtressourcen und Regierungspolitik im westeuropäischen Vergleich*, Campus Verlag, Frankfurt, 1993, pp.75~85을 참조할 것—역주.

자본주의

'자본주의'라는 개념은 정치경제학에 관한 전반적 논쟁은 물론 사회주의 진영 내에서의 논쟁에서도 공통적으로 핵심적인 것이다. 하지만 이 개념에 대한 정의는 매우 애매모호하다. 현대의 백과사전에서는 자본주의를 "시장경제와 사적 기업"으로 단순히 정의하고 있다. 그런데 이러한 정의는 이 개념이 과거에 어떤 내용들을 담아 왔으며 또 오늘날에도 어떤 내용들을 여전히 담고 있는지에 대해 거의 말해주지 않는다. 나아가 이 개념은 과거 성장기의 노동운동이 생각했던 자본주의와 동일한 해석을 내리고 있지도 않다.

고전적 사회주의 주창자들은 그들이 생각하는 '자본주의'를 정의하는 데 매우 단호했다. 그런데 그들의 저작들과 연설들을 보면 우리는 그들이 이 용어를 오늘날의 백과사전에서와는 매우 다른 내용들로 이해하고 있었다는 것을 알 수 있다. 자본주의에 대한 그들의 정의는 "생산에서의 어떤 다른 이해보다도 자본가의 이윤에 대한 이해가 가장 중요시되는 생산제도"라는 해석에 몹시 가까운 것이었다. 이러한 정의에 의하면 자본주의는 어느 정도는 시장경제와 정반대가 된다. 왜냐하면 시장경제는 다른 요소들에 비해 그 어느 요소도 상위에 있지 않는 상황, 즉 서로 다른 이해들 간의 균형을 전제하기 때문이다.

'자본주의'는 초기 노동운동의 활동에서는 사적 소유의 기업으로 묘사되곤 하였는데, 이것은 (첫째) 주로 자본가 개인이 사용할 수 있는 노동도구보다 훨씬 더 많은 자본재가 투입된 것을 기반으로 하고, (둘째) 자본가 개인의 생활에 필요한 양보다 훨씬 더 많은 이윤의 추구—다른 말로 해서 항상 더 많은 자본 축적에의 노력—로 움직이는 것이었다.

당시에는 바로 이 이윤에 대한 자본가의 이해가 모든 악의 뿌리로 간주되었다. 즉 노동자에 대한 가혹한 착취, 건강에 해로운 노동환경, 저임금, 사회적 부의 불공정한 배분 등은 바로 여기서 생겨난다고 보았다. 따라서 이윤에 대한 이해는 폐지되어야 한다고 생각했다. 그리고 이것을 실천하는 방법은 자본주의의 진짜 토대인 생산요소들(산업공장, 엄청난 재산, 기계, 자연 자원)에 대한 사적 소유를 폐지하는 것이었다.

1800년대의 사회주의 주창자들은 사적 소유에 대한 이전 시기의 비판에 기대었다. 이러한 비판은 예를 들어 1700년대 철학자 장 자크 루소Jean-Jacques Rousseau의 저작들에 명료하게 정리되어 있다. 그는 어떤 사람이 가장 먼저 한 조각의 땅에 울타리를 치고 나서 그 땅은 자기 소유라고 주장하게 된 것이 그 이후 사회의 모든 불평등의 토대가 되었다고 말했다. "대지의 과실은 모든 사람의 것이다. 하지만 대지는 어느 누구의 소유물도 아니다".라는 경구를 루소가 썼는데, 이 말은 사회주의 주창자들을 완전히 매료시켰던 것이다.

국유화에서 불분명한 것들

우리가 이미 지적했듯이, '생산수단의 사적 소유를 무엇으로 대체해야 하는가' 라는 문제를 둘러싸고 서로 다른 견해들이 있었다. 국유화를 신봉하는 사람들이 있었는가 하면, 다른 사람들은 노동조합에 의한 소유 그리고 또 다른 사람들은 다양한 협동조합 형태의 기업을 주장했다. 무척 흥미로운 것은 사적 소유에 대한 비판을 가한 자들 중에는 존 슈트어트 밀John Stuart Mill 과 같은 자유주의적 사상가들도 있었다는 사실인데, 그는 개인적으로 노동자 협동조합에 강한 관심을 보였다.

그런데 초기 사회주의자들은 어떻게 새로운 집단적 소유가 기본적인 사업경영상의 많은 문제들을 해결할 수 있을 것인가 라는 문제—예를 들어 새로운 투자에 대한 결정은 어떻게 이루어져야 하는가 라는 문제—에 부딪쳤을 때, 더욱 더 막막하기만 하였다. 어떤 사회주의 이론도 사업경제학business economics을 다루지는 않았던 것이다.

이렇게 된 원인은 사회주의적 비판이 사업 경제학의 문제를 외면했거나 또는 그로 인해 경제학의 문제를 중시하지 않기 때문이다. 비판의 초점은 권력 문제에 맞추어져 있었다. 사회주의적 비판은 매우 불평등한 권력배분에 대한 비판이었다. 즉 자본가의 이윤에 대한 이해가 사회 내의 모든 다른 이해(경제적, 정치적 이해는 물론, 사회적 이해까지도)를 지배하도록 만든 사회제도에 대한 비판이었다. 소수에게 특권을 주고, 불의, 착취 그리고 자유의 결핍을 낳은 것은 바로 이 불평등한 권력의 배분이었다.

그런데 이러한 권력의 배분이 변화하면서, 즉 과거에 억압당했던 자들에게 권력이 주어지면서 사적 소유를 반드시 폐지하지 않고도 불의와 착취에 대처할 수 있게 되었다. 스웨덴 사회민주주의는 1920년대와 30년대에 이런 인식에 도달하였는데, 이러한 새로운 방향정립은 1932년의 전당대회에서 분명하게 확인되었다고 말할 수 있다. 이런 종류의 이념들은 예를 들어 영국의 페이비안 협회Fabian Society* 내의 논의 같은,

*1884년 웹, 쇼(Sidney Webb, G.B. Shaw) 등이 창립한 영국의 점진적 사회주의 사상 단체. 협회 창설 당시의 지도자인 조지 버나드 쇼(George Bernard Shaw), 시드니 웹(Sidny Webb), 베아트리스 웹(beatrice webb) 등은 의회정치의 방법으로 점진적으로 사회개량을 진행하면서 생산수단의 공공적 소유를 달성할 수 있다는 신념을 가졌다. 특히 정치적 민주주의가 진전함에 따라 국가권력을 이용하여 사회적 폐해를 극복할 가능성에 역점을 두고, 재정정책과 사회보장, 그밖에 노동입법 등에 의한 부와 소득의 평등화 정책이 사회주의 실현의 방법으로서 주장되었다. 그리고 마르크스주의와는 달리 사회주의 실현의 담당자도 노동자계급만으로 한정하지 않았다. 페이비언주의의 근본이념은 1918년 영국 노동당의 정책으로 채택되고, 또한 1차 대전 뒤 제2인터내셔널에 가맹한 사회주의 정당들의 지지를 받았다. 2차 대전 직후 하원의 노동당 지도부는 물론 노동당 출신 의원의 상당수가 페이비언협회 출신이었던 만큼 그 영향력은 지대했다. 협회의 주요활동은 강연, 토론회를 통해 대중에게 페이비어니즘을 홍보하고, 소책자와 정기간행물 등 출판물을 간행하며 정치적·사회적·경제적 문제에 대한 조사를 실시하는 것이었다(두산백과사전 EnCyber & EnCyber.com 등 참조)—역주.

그 이전의 사회주의적 논의들에서 그 기원을 찾을 수 있다.

　　이러한 이념은 운동이 직면하기 시작했던, 완전히 실천적인 문제, 즉 '사회화/국유화'같은 구호를 구체적이고 작업 가능한 조치들로 전환시키는 문제에 부딪쳤을 때 해결책을 제공했다. 공업과 농업분야의 생산을 유지하는 데 있어서 소비에트 공화국이 겪었던 엄청난 어려움들 그리고 이를 위해 볼셰비키들이 도입했던, 비난받아 마땅한 조치들은 그 자체로 매우 실망스런 것임이 판명되었다. 이러한 인식의 정점에 도달할 수 있었던 것은 이른바 스웨덴 사회민주당의 '사회화 위원회'에서의 경험이 있었기 때문이다. 이 위원회에서는 청사진에 따라 완전히 새로운 사회시스템을 만드는 것은, 기업 경영을 위해서뿐만 아니라 생산자와 소비자 간의 원활한 상호작용을 위해서도 불가능했기 때문에 이를 어쨌든 포기해야만 했다. 이 위원회의 의장이었던 닐스 칼레비Nils Karleby가 1924년에 말했듯이, "우리가 원칙적으로 지키고자 하는 그런 슬로건들과 관련하여 이것들을 슬로건으로 채택하는 문제와, 이것들에 어떤 구체적 내용을 채워야 하는가의 문제가 전혀 다르다는 것은 너무나 자명하다".

　　그러면 이러한 사실은 사회민주주의가 자본주의를 수용한다는 것을 의미하는가?

　　많은 것들은 그 말에 어떤 의미를 담느냐에 따라 달라진다. 만약에 '자본주의'를 '사적 소유'로 정의한다면, 대답은 '그렇다'이다. 그러나 만약에 자본주의를 초기 사회주의자들처럼 사적 이윤이 그 어느 다른 이해보다도 우위에 있고, 따라서 사회도 피고용인도 기업경영에 어떤 영향도 미치지 못하는 일종의 사회제도로 이해한다면, 대답은 '아니다'이다.

오늘날 우리가 수용하고 있는 자본주의적 소유와 사적 기업은 1800년대 당시 노동자들이 겪었던 소유, 사적 기업과 매우 다르다. 1800년대 당시의 사적 소유는 그 당시에도 그러했듯이 오늘날의 우리에게도 도저히 받아들일 수 없는 것이었다. 우리가 수용하는 자본주의적 소유는 사회적으로 결정된 엄격한 조건들(즉 환경보호 법안, 노동시장 법안, 임대차 보호 법안, 개발 및 건축 관련 법안, 소비자 보호 법안 등)하에서만 허용되는 것이다. 그것은 피고용인들에게 자신의 노동조건에 대해 영향력을 행사할 수 있도록 해주는, 강한 노동조합들과 그들의 동의라는 강력한 견제 - 균형 장치가 있는 소유다. 이러한 모든 것들은 1894년 당시 노르쾨핑의 방적 산업에서 있었던 무제한의, 아무 규제도 없었던 사적 소유와는 아주 다른, 더 많은 공정한 경제적·사회적 결과를 낳았던 것이다.

사회민주주의가 생산수단의 사적 소유를 수용한다는 사실은 우리가 이윤동기를 사적 생산에서의 추진력으로 인정한다는 것을 의미한다. 우리는 자본의 이해가 다른 이해들과 균형을 이루어 많은 '이윤'이 저임금 노동이나 천연자원의 낭비를 통하지 않고 얻어지는 한, 자본의 이윤추구는 자원의 합리적 이용을 낳는 하나의 수단이라는 사실을 깨달아야만 한다. 소비에트 체제에서 자본의 비용은 당연히 전혀 없는 것으로 간주되었는데, 이것은 자원들이 매우 비효율적인 방식으로 남용되는 한 원인이 되었다. 자원의 비효율적인 이용은 결국 사람들이 자신의 노동으로 통상적으로 얻을 수 있는 것보다 훨씬 빈약한 노동의 대가를 가져왔다. 이것은 노동하는 사람들의 복지에 조금도 도움이 되지 못하는 것이었다.

하지만 한 번 더 짚고 넘어가자. 사회민주주의가 위와 같은 이윤 동기를 수용한다는 사실은 이윤 동기가 모든 다른 이해보다 우선 한다는 것을 받아들인다는 말은 아니다. 만약에 그렇게 받아들인다면 다른 생산요소들 ―사람 또는 환경 같은 요소들―은 나쁜 방식으로 이용될 가능성이 높다. 따라서 이윤 동기는 또 다른 이해들에 의해 균형이 잡혀야 한다. 즉 예를 들어 행동에 나설 수 있는 정치적 자유, 임노동자를 위한 강한 노동조직, 법에 의해 보호되는 소비자의 권리 등등이 바로 이런 이해들이다.

또 사회민주주의는 이윤동기가 모든 형태의 활동에 있어서 훌륭한 추진력이라고 결코 주장하지 않는다. 이윤 동기는 사법체계에서는 완전히 배제되어야만 한다. 그것은 일반적으로 가격 메커니즘이라는 수단을 통해 배분되어서는 안 되는 공익적인 것, 예를 들어 교육, 의료 문제의 해결에 있어서 결코 적절한 도구가 될 수 없다.

이에 덧붙여서 사회민주주의는 사적 기업 이외에도 생산자협동조합, 소비자협동조합 같은 다른 형태의 소유를 여러 이유로 지지한다. 시장의 역동성과 발전을 가속화시키기 위해서는 다른 추진력을 가지고 일하는 사람들 그리고 일에 있어서 다른 목표를 가지고 있는 사람들이 존재하는 것이 중요하다.

바로 이것이 사회민주주의자들이 채택한 기본적 입장이다. 어느 곳에서나 적합하고 모든 형태의 활동에 맞는 그런 획일화된 모델은 존재하지 않는다. 어떤 해결책들은 어떤 한 종류의 활동에 적합하고, 다른 형태의 활동들은 전혀 다른 해결책을 필요로 한다. 가장 좋은 결과를 얻기 위해서 어떤 방법을 선택해야 하는가는 해야 할 일의 성격 그리고 활동의 목표에 따라 달라진다.

물론 이러한 '혼합 경제mixed-economy'에서 결함들은 있다. 권력의 균형이 변화할 위험성, 즉 노동운동이 쟁취한 성과들을 잃어버릴 가능성은 언제나 존재한다. 그러나 사회 자체의 발전에 의해 만들어지는 끊임없는 역동성 속에서 우리는 이러한 힘의 균형의 변화에 대해 우리 자신을 완전히 지킬 수는 없다. 문제가 없는 상태를 영원히 보장하는 완전무결한 해결책은 이 세상에 존재하지 않는다. 1800년대에 나타난, 모든 것을 포괄하는 체제라는 이념—사회주의적 사상은 물론 자유주의적 사상의 이념 둘 다 모두—속에는 일종의 '조화 철학philosophy of harmony'이 들어 있다. 즉 미래의 어느 시점에 역사는 종착지에 도착하게 되고, 평화로운 균형이 생겨나 그 이후 영원하게 지속될 것이라는 생각 말이다. 하지만 역사는 결코 끝나지 않는다. 사회는 완전하지도 않고, 또 그래서 완벽할 수도 없다.

바로 이런 이유 때문에 어떤 모델이 결점들을 가지고 있다든가 비판받을 수 있다고 해서 그 모델을 무조건 거부하는 것은 잘못이다. 실제로 모든 체제들은 나름대로의 결점과 비판받을 점들을 가지고 있다. 우리가 말할 수 있는 것은 사회민주주의 모델이, 이 모델보다 더 정통적인 '자본주의' 체제는 물론, 더 '정통적인 사회주의' 체제보다 더 나은 결과를 제공한다는 사실이다. 그리고 바로 이 때문에 사회민주주의 모델을 추구하는 것은 가치가 있는 일이다.

"자본주의를 폐지하자"라는 구호

이제 "사적 기업을 철폐하자"라는 의미에서의 "자본주의를 폐지하자"라는 슬로건을 다루어보도록 하자. 왜냐하면 이 슬로건은 사회주의 논쟁에서 중요한 역할을 해왔고, 지금도 종종 대두되기 때문이다.

여기서 첫 번째 질문은 '어떻게?'이다.

오늘날 세계화된 경제에서 스웨덴 내의 사적 기업들을 폐지하는 것만으로는 결코 충분치 않다. 왜냐하면 그렇게 했다 해도 우리는 여전히 국제 경제의 규칙을 따라야 하기 때문이다. 따라서 오늘날의 세계에서 진정으로 '자본주의를 폐지'하려면 전 지구적 차원에서 그렇게 해야만 한다. 하지만 우리는 가까운 장래에 어떤 시도를 하든 그렇게 될 가능성은 없다는 것을 너무나 잘 알고 있다.

그래서 먼 미래의 어느 시점에서인가 사회주의의 궁극적 목표인 자본주의의 폐지를 바라는 사람들조차도 우리보다 앞서서 오랜 세월동안 존재해 온 자본주의 체제를 어떻게 다루어야만 하는가라는 문제에 직면해 있다. 그런데 여기서 우리는 사회민주주의자들이 제시한 해답 이외의 다른 것을 찾을 수가 없다. 즉 사적 이윤에 대한 견제 균형장치를 만들어 사적 이윤이 독재자가 되는 대신에 오히려 우리가 이용할 수 있는 도구가 되게 하는 것이다.

그래도 만약에 사적 기업이 없는 사회를 상상해 볼 수 있다면, 또 다른 질문이 제기된다. "사적 기업 대신에 무엇을 가져야 하는가?"

완전한 국가 소유 체제 그리고 국가 통제 체제 모델은 매우 확실한 이유들로 인해 거부되어야만 한다. 이 체제는 민주주의에 대한 요구 그리고 경제적 효율성에 대한 요구, 둘 중 그 어느 것도 충족시키지 못한다.

그러면 남는 것은 탈중앙집권화 된 집단적 소유 형태, 아마도 협동조합 기업형태 또는 자치제 소유의 기업 형태일 것이다. 경제에 대한 완전한 국가 통제 이념은 거부되었기 때문에, 이러한 기업들은 일종의 국가 규제적 생산 계획 체제에 편입되어서는 안 된다. 이 기업들은 각자의 생산과 투자에 관해 자유로이 결정할 수 있어야 한다. 이를 다른 식으로 말하자면, 기업들은 시장, 즉 소비자와의 관계 속에서 작동해야 한다. 그리고 기업들이 성장 기회를 가지고자 한다면, 새로운 투자를 위해 그들의 자본을 사용할 수 있어야만 한다. 그리고 이것은 다시 기업들에게 그에 필요한 자본을 버는데 강한 관심을 가지도록 만든다.

그러면 이 모델과 사적 소유 기업 모델과의 남는 차이는 과연 무엇일까? 둘 다 시장에서 살아남으려고 애쓴다는 관점에서 볼 때, 결국 집단적 소유 기업의 배후에 있는 메커니즘이나, 사적 소유 기업을 작동시키는 메커니즘이나 마찬가지 형태가 아닐까?

예전의 유고슬라비아 공화국은 생산수단의 집단적 소유에 있어서 자신들만의 독특한 모델, 이른바 '노동자 자주관리 기업모델'*을 채택하

* 유고의 노동자 자주관리(worker's self-management)제도는 중앙 집중적, 관료제적 국가 체제로부터 노동자를 해방하고, 노동자가 사회의 진정한 주인이 되어야 한다는 의도에서 1950년대 티토정권에서 도입된 것이다. 따라서 기업에 대한 소유와 경영은 국가나 당이 아니라, 노동자들이 주도하게 되었는데, 이 과정에서 가장 중요한 의사결정 기관은 노동자평의회이었다. (하지만 자본의 할당, 생산의 통제 등에 있어 국가와 당의 영향력은 여전히 남아있었기 때문에, 기업의 완전한 자율성을 달성했다고 보기는 힘들다.) 그런데 이 제도는 탈중앙집권화, 노동자의 자주성의 증대 등에 있어서는 어느 정도 효과를 낳았지만, 다른 한편 문제점도 드러냈다. 예를 들어 기업이윤의 대부분이 재투자, 기술개발 등으로 쓰이기보다는 임금인상으로 나타났고, 이

였다. 그런데 그들의 경험은 자본주의 사적 생산의 모든 형태에서 일어날 수 있는 것과 같은 동일한 형태의 이해 갈등이 임노동자들이 운영하는 기업들과 그들을 둘러싼 사회 간에 일어났다는 것을 잘 보여준다.

실제적 소유 형태가 어떻게 결정되는 간에 상관없이, 사람들은 각자의 입장에 따라, 경제에서 옹호해야 할 이해들이 서로 다르다. 갈등은 우리가 그로부터 완전히 벗어날 수는 없는 그런 것이다. 만약에 갈등이 완전히 없다면 그것도 아마 바람직하지는 않을 것이다. 왜냐하면 정반대의 목표와 열망은 더 나은 발전의 원동력을 제공하는 역동성을 낳을 수 있기 때문이다. 그런데 여기서 중요한 것은 이러한 갈등들이 한 집단이 다른 집단을 착취하는 것으로 이어지지 않도록 확실히 보장하는 것이다.

하지만 이 경우 우리는 사회민주주의적 결론, 즉 중요한 것은 누가 소유권을 향유하는가의 문제가 아니라 권력의 문제라는 결론으로 다시 돌아가야 한다. 재분배되고 균형을 이루어야 하는 것은 권력이지 소유권이 아니다.

만약에 우리가 이러한 권력의 공유를 이룰 수 있다면, 시장 시스템 내의 사적 기업은 재화의 생산—가격 메커니즘이라는 수단을 통해 이루어지는 생산—에 있어서 유리한 점들을 가질 수 있다. 이런 점들은 완전한 집단적 소유의 산업 구조에서는 재창출되기 어려운 것이다. 그 중 하나의 예를 들면, 새로운 기업의 창업이라는 이점이 있다.

로 인한 소비지출의 급증과 높은 인플레이션은 오히려 노동자 생활수준의 저하를 초래하였으며, 특정 기업의 노동자들의 이해와 다른 기업의 노동자들의 이해가 충돌하는 경우도 나타났다―역주.

시장경제

2차 세계대전 이후 수십 년 동안—비록 체감 온도에는 변화가 있었지만, 종종 냉전시대로 불린 기간—두 개의 체제가 경제적으로 뿐만 아니라 정치적으로도 서로 대립하였다. 그것들은 서방의 민주주의와 동방의 독재주의, 서방의 시장경제와 동방의 계획경제였다. 1989년 베를린 장벽이 무너졌을 때 그리고 이와 더불어 동유럽의 모든 현실 사회주의가 무너졌을 때, 이 사건들은 민주주의와 시장경제의 승리를 의미하는 것이었다.

그런데 '시장경제'라는 말은 도대체 무엇을 의미하는가?

시장은 수많은 독립적인 판매자들이 자신의 상품을 가지고 와서 수많은 구매자들에게 보여주는 장소다. 그리고 어떤 구매자가 자신이 원하는 어떤 물건을 발견하고, 지불해야 할 가격이 합당하다고 생각되면 거래가 이루어지는 장소다. 한편 만약에 가격이 소비자가 생각하는 것보다 비싸면, 판매자는 자신의 상품을 처분할 수 없다. 반대로 만약에 가격이 너무나 싸면, 판매자는 일부러 시장에 나오는 수고를 하지 않을 것이다.

'시장경제'는 하나의 경제 모델로서 재화의 공급이 가격 메커니즘에 의해 결정되는 체제를 의미한다. 즉 공급은 소비자가 지불할 용의가 있는 가격과 생산자가 자신의 노동에 대한 이윤으로서 요구하는 가격이 서로 일치하는 교차점에서 이루어진다.

이 모델은 시장에 참여할 수 있는 자유를 전제로 하고 있다. 즉 다시 말해 물건을 생산을 하여 판매를 하고 싶은 사람이면 누구나 그럴 권리를 가지고, 또 물건을 살 돈을 가진 사람이면 누구나 사고 싶은 것을 자유로이 선택할 수 있어야 한다. 그런데 이러한 '자유 거래'는 복지와 선택의 자유에 필요한 재화의 다양성은 물론 성공적 경제에서 요구되는 자원의 효율적 이용 양자를 제공해 준다고 이야기된다. 그리고 실제로 시장 경제를 옹호하는 데 필요한 경제적, 이데올로기적 토대를 제공하는 것은 바로 이 효율과 복지, 선택의 자유다.

따라서 시장 경제는 자유업이라 부르는 것을 전제로 한다. 즉 다시 말해 누구든지 원하면 수요가 있는 물건을 생산하는 사업을 자유로이 시작하고 또 운영할 수 있다. 그래서 정치적 논쟁에서 시장경제라는 말은 종종 '사적 기업'과 동의어로 사용된다.

사적 기업 또는 사적 이윤 동기에 맞서는 모든 행동은 사적 기업을 이데올로기적으로 대변하는 자들의 눈에는 '시장경제'에 대한 공격—그리고 민주주의에 대한 공격—과 같은 것이 되어버린다.

그러나 사적 기업이 시장 경제의 전제조건이라는 사실과 사적 기업에 기반한 모든 행위들이 시장경제라고 말하는 것은 전혀 별개의 문제다. 적어도 '시장경제'라는 용어의 교과서적 정의에 의하면 그렇다.

그러므로 '시장'이 자원의 진정한 효율적 이용 그리고—시장 존립의 바로 그 경제적, 이데올로기적 이유인—복지, 선택의 자유로 이어질 수 있도록 보장하기 위해서는 사적 소유의 기업보다 더 많은 무언가가 추가적으로 필요하다. 예를 들어 어떤 생산자도 모든 공급과 가격을 혼자서 통제할 정도로 강력하지 못하도록 만드는 것, 어떤 집단도 자신들의 특수한 요구를 통해 공급을 왜곡하지 못하도록 소비자들 간의 평등을 보장해 주는 것, 그리고 어떤 상품에 대한 수요의 증가가 항상 공급의 증가로 충족될 수 있게 하고, 또 수익이 날 것 같은 시장에서의 경쟁에 누구나 자유로이 참여하게끔 보장하는 것이 필요하다.

거시경제학 교과서의 저자들이 일반적으로 지적하듯이, '어떤 지역의 농산물 시장에서 일시적으로 나타나는 상황을 제외한다면', 시장 경제를 위한 이러한 모든 조건들이 동시에 존재했던 상황은 한 번도 없었다.

실제로 소비자들은 모두가 똑같이 강하지 않다. 어떤 사람들은 다른 사람들보다 더 잘살고 따라서 생산자의 입장에서는 부자들의 수요가 더 큰 관심거리다. 또 서로 다른 생산자들도 똑같이 강하지 않다. 거의 항상 다른 사람들보다 많이 생산하는 자가 있고, 가격과 상품의 질에 커다란 영향을 미칠 수 있는 사람이 있다. 단지 수요가 많다고 해서 상품의 공급이 증가하는 경우는 매우 드물다. 예를 들어 거대한 대도시 지역의 아파트는 일반적으로 수요가 매우 많지만, 그 수요만큼 공급을 늘리기는 불가능하다. 왜냐하면 대개는 새로운 아파트 건축을 위해 필요한 땅이 많이 남아있지 않기 때문이다. 또 시장에의 접근이 명목상으로는 자유롭다고 하지만, 실제에 있어서는 매우 제한되어 있는 경우들이 있다. 한 예를 들자면, PC(컴퓨터) 생산을 시작하는 데 필요한 자본을 모으는 일은 결코 쉬운 일은 아니다.

하지만 (관례적 용어인) '불완전한 시장'도, 수요와 공급을 통제하는 것은 가격이라는 의미에서 당연히 시장이다. 그러나 이 경우—이것은 매우 중요하다—생산 자원의 배분 그리고 생산물의 분배는 이상적 시장 상황에서 가정했던 것보다 점점 더 비효율적이고 불공정하게 될 것이다.

이상과 현실

현실에서의 시장, 또는 실제로 존재하는 시장경제라고 부를 수 있는 것은 시장 경제의 이상과 거의 일치하지 않는다! 시장은 언제나 존재하는 경제적 권력을 반영할 뿐, 자원의 최적적·효율적 배분을 반영하지 않는다. 많은 불행한 사례들이 분명히 보여주듯이, 시장에서의 이러한 형태의 불평등은 종종 비효율을 낳고 그리고 때론 완전히 자원의 파괴적인 이용을 초래한다. 풍부한 자본 권력을 휘두르는 기업들은 자주 무모할 정도로 자연 자원들을 착취한다. 소비자들이 불리한 입장에 있는 곳에서는 건강에 해롭거나 심지어는 위험한 생산물이 팔리기도 한다. 이에 관한 좋은 사례는 거대 제약회사들이 가난한 나라에서 약을 팔면서 취하는 아주 오만한 태도다. 이들 약들은 부자 나라의 보건당국에서는 안전한 것으로 검증되지 않은 약들이다. 또 노동자가 불리한 입장에 있는 경우, 임금은 대개 매우 낮으며 노동환경은 건강에 해롭고 심지어는 생명에 위험할 정도다.

이 모든 사실은—사람들의 건강을 무시하는 도덕적 측면은 논외로 친다하더라도—자원이 매우 심각하게 낭비되고 있다는 것을 보여준다.

고전적 사회민주주의에서 '시장'에 대한 많은 비판은, 오늘날의 많은 비판들과 마찬가지로, 사실상 현존하는 시장 내의 이러한 결함들 그리고 왜곡들에 대한 비판이다. 1800년대 사회주의 주창자들이, 세탁일을 하는 여성의 아이들은 먹을 음식조차 없는데도 상인들은 흥청망청 돈 쓰도록 허용하는 시장의 힘에 대해 공격을 했을 때, 그들은 당시 존재하는 경제적 불평등에 대해 비판을 했던 것이다. 이후 좀 더 평등한 소득 분배가 이루어지자 세탁일을 하는 여성이 빵과 영양가가 있는 음식들을 얻을 수 있게 된 반면, 상인은 과도한 소비를 줄이지 않으면 안 되었다. 즉 시장 메커니즘 자체를 조금도 훼손할 필요가 없는 상태에서 이러한 일이 이루어진 것이다. 오히려 정반대로 이러한 형태의 소득 분배는 사람들에게 이상적인 시장 모델에 보다 가까이 갈 수 있도록 할 것이다.

실제 존재하는 시장에서의 이러한 왜곡들—이것들은 이상적 시장 경제에서 탈선된 것들이다—에 대한 비판은 판매자와 구매자 간의 자유로운 거래를 반대하는 것, 또는 소비자나 심지어 사적 기업에 있어서의 선택의 자유를 반대하는 것과 결코 같은 것이 아니다. 하지만 사실이 이런데도, 실제 시장의—왜곡된—작동방식에 대한 이러한 비판은 매우 자주 시장 경제의 원칙에 대한 비판(또는 더 정확히 말하면 사적 기업에 대한 비판)으로 간주되었다. 오늘날의 논쟁에서는 사적 기업과 시장 경제를 동일한 것으로 보는 경향이 있기 때문에, 기업 부문 내의 특정 이익집단들의 대변자들이, 다른 집단들의 희생을 대가로 사업가들에게 이익을 주는 조치들을 옹호하는 논거로서 '시장 경제'에 호소하는 일이 흔히 벌어지고 있다.

그러나 '시장경제'는 기업가들의 특수한 이해에 대한 편향적 관심만을 필요로 하는 것이 아니다. 오히려 말의 진정한 의미에서의 시장경제는 기업의 이해가 소비자들 그리고/또는 피고용인들의 이해와 균형을 이룰 것 ―그리하여 이들도 자신들의 이익을 증진시킬 수 있을 것―을 전제하고 있다.

이러한 것들을 보장하기 위해서 필요한 것은 집단적 성격의 조치들이다. 예를 들어 소비자보호법안은 생산물의 안전에 대해 일정한 요구를 한다. 또 노동조합은 노동 환경의 개선을 관철시켜 왔다. 이 조치들은 공히 생산자원(인력자원 그리고 물질적 자원)의 보다 나은 이용을 의미하는데, 이러한 자원의 효율적 이용은 우리가 시장경제에서 달성하려고 했던 것들의 중요한 한 부분이다.

소비자 협동조합 운동의 역사는 어떻게 사람들이 소비자의 지위를 강화시켜 시장 경제가 더 잘 돌아가게 만들었는지에 대한 수많은 흥미 있는 사례들을 보여주고 있으며 또 어떻게 이런 형태의 행동을 통해 중요한 사회적 목표들을 달성할 수 있는지를 잘 말해주고 있다(1930년대 협동조합운동의 지도적 사상가들이 "노동운동은 시장 메커니즘을 자신들의 개혁 프로그램에 사용할 수 있고 또 그래야만 한다"는 명제를 발전시켰다는 사실은—이것이 사상사에 최소한 각주 정도의 가치는 지닌다는 차원에서—언급되어야 할 것이다). 고전적 사례로서 우리는 협동조합 운동이 스스로 직접 전구와 마가린을 생산하기 시작하면서 기존의 생산 독점을 분쇄하고 이 제품들을 더 낮은 가격과 더 좋은 질로 대량 제공하게끔 강제한 사실을 들 수 있다.[*] HSB(임차인을 위한 저축 및 건축 협회)[**]가 산업노동자의 수입으로도 살 수 있는, 시설과 디자인이 좋은 작은 아파트를 짓는 것이 가능하다는 것을 보여주기 전까지는 노동자들을 위한 좋은 집을 짓는데 관심들이 거의 없었다. 그러나 그 이후 더 많은 기업들이 HSB의 사례를 따라 갔다.

　　최근에는 다양한 생태운동들이 더욱 생태친화적인 제품에 대한 소비자들의 중요한 요구를—제품 생산자들이 처음에는 이 제안을 거부하고 또 소비자들의 그런 요구를 충족시키는 것은 기술적으로 불가능하

---

[*] 이러한 협동조합운동의 결과 스웨덴에서는 2007년 현재 식품과 생활용품에서 생협이 차지하는 시장점유율이 약 18.5% 수준이다. 거대한 기업에 대항하기 위해 스웨덴, 노르웨이, 덴마크 생협은 국경을 초월하여 협력을 하고 있다고 한다—역주.

[**] HSB(Hyresgästernas sparkasse-och byggnadsförening)는 스웨덴의 한 주택협동조합이다. HSB는 현재 'Turning Torso'라는 스칸디나비아에서 가장 큰 고층빌딩을 소유하고 있을 정도로 성장하였다. 이 건물은 2005년에 완공되었는데, 높이가 190m에 54층이나 된다. EU에서 주거 빌딩으로는 가장 높고, 유럽에서는 소련 모스크바의 'Triumph-Palace' 다음으로 두 번째다(Wikipedia 참조)—역주.

다고 항변했음에도—관철시키는 데 성공한 많은 사례들이 있다.

또 '완전히 규제되지 않는 시장'은 시장 경제의 이상과 언제나 조화를 이루면서 작동할 수는 없다는 생각에 기꺼이 동조하는 수많은 자유주의자들도 있다. 그러나 '규제되지 않는 시장'은 언제나 기업과 자본의 이해가 너무나 많은 힘을 가지는 시장과 똑같은 것이다. 소비자들의 권한이 너무나 강해서 문제가 된다는 '규제되지 않는 시장'을 들어 본 사람이 과연 한 명이라도 있는가?

사업의 세계가 항상 자발적으로 시장경제의 이상에 따라 행동하지 않는다는 것은 사실이다. 시장경제는 당연히 사적 기업을 전제로 한다. 그러나 이 사실은 사적 기업이 시장경제를 보장한다는 말은 전혀 아니다. 오히려 정반대로 사적 기업은 제멋대로 내버려 둘 경우, 시장경제의 원칙과 자주 갈등을 빚으면서 활동하게 된다.

시장경제는 서로 독립적으로 활동하는 여러 기업들 간의 경쟁을 전제로 하고 있는데, 이 경쟁에서는 어느 기업도 제품의 공급과 수요에 대해 독점적 영향을 줄 수 있을 정도로 커져서는 안 된다. 하지만 현실에서는 대부분의 기업들이 경쟁을 피하기 위해 최선을 다한다. 가장 흔한 현상은 기업들이 자신의 제품에 특별한 '브랜드 지위'를 부여하려는 것이다. 이것은 마찬가지로 좋은, 다른 기업 제품과의 경쟁에서 일종의 유리한 고지를 점하려는 것이다. 실제로 기업들 간에 시장을 사이좋게 나누어 가진다든지 또는 시장에서의 우위를 얻고 경쟁을 줄이기 위해 몇몇 작은 기업들이 서로 협력하는 것은 널리 알려져 있다. 어떤 때는 대기업이 작은 경쟁기업들을 오직 문을 닫게 하려는 목적으로 인수해서는 특정 시장에서 유일한 기업이 되는 사례들도 있다.

기업의 입장에서 보면, 이 모든 일들은 논리적으로 변명 가능하다. 왜냐하면 경쟁자의 수가 줄면 줄수록 기업들의 지위와 이윤을 창출할 능력은 더욱 안정적으로 되기 때문이다. 따라서 사적 기업들은 자본의 집적concentration에 대한 내재적인 열망을 가지고 있다. 이는 바로 마르크스가 명확하게 설명했던 것이다*.

그러므로 경쟁을 저해하는 것들 그리고 다양한 형태로 형성되는 카르텔을 금지하는 법안은 시장경제를 유지하는 중요한 방법이다. 마찬가지 방식으로—사업상의 거래에 있어서 투명한 규칙을 정해놓은 법안 같은— 사회제도들도 잘 작동되는 시장경제를 위해 중요한 역할을 하고 있는데, 이러한 사실은 현대의 경제 연구들이 더욱 더 분명하게 보여주고 있다. 자유 시장을 촉진하고 그것이 이상에 부합하게 작동하도록 보장하기 위해서 정부의 규제를 이용하는 것은 역설적으로 보일지 모르지만, 이것만이 우리가 앞에서 이야기한 것들을 잘 정리하는 것이다. 즉 사적 기업만으로는 진정한 시장 경제를 보장할 수 없다는 사실 그리고 진정한 시장경제의 이익과 기업가의 개인 이익을 구별하는 것이 중요하다는 사실 말이다.

* 마르크스는 자본의 집적(concentration)과 집중(centralization) 을 이야기하고 있는데, 일반적으로 전자는 한 자본 내에서의 자본축적의 증가를 의미하고, 후자는 대자본에 의한 소자본의 흡수 또는 소자본끼리의 합병을 의미한다. 이 책의 저자는 후자 역시 넓은 의미에서의 '집적(concentration)'으로 보고 'concentration'이라는 용어를 사용한 듯하다—역주.

시장 모델이 가지는 결점들

모든 경제 모델이 그렇듯이, 시장 모델도 나름의 한계를 가지고 있다. 시장이—심지어 가장 '이상적인' 시장조차도—해결할 수 없는 일정한 문제들이 있다.

시장은 공기, 물 또는 넓은 의미의 환경과 같은 가격표가 붙어 있지 않는 유용한 것들의 사용을 제대로 관리할 수 없다. 또 시장이 사회 내 소수자들을 배려하기는 어렵다. 왜냐하면 비록 모든 각 개인들이 정확히 동일한 구매력을 지닌다 하더라도, 수십만 명의 수요가 있는 상품을 생산하는 것이 단 열 명의 수요가 있는 상품을 생산하는 것보다—10명이 합쳐서 지불할 수 있는 돈이 다른 수십만 명이 지불할 수 있는 돈보다 더 많지 않은 한—더 많은 이윤을 얻게 되는 경우들이 일반적이기 때문이다.

가장 많은 구매자들이 몰려있는 곳으로 집중하려는, 시장의 이러한 경향은 특히 미디어 부문에서 가장 두드러지게 나타난다. 오늘날 TV 채널들은 매우 많다. 그러나 모든 채널들은 비슷한 종류의 프로그램—뉴스, 스포츠 그리고 연예, 오락—을 만드는 데 집중하고 있다. 그 이유는 가장 많은 대중적 관심이 모여 있는 곳이 바로 이런 프로그램들이고, 또 여기가 광고를 판매할 수 있는 장소이기 때문이다. 따라서 시장에 의해 제공된 선택의 자유는 여러 다양한 프로그램들 중에서 선택할 수 있는 자유가 아니라, 비슷한 프로그램들만을 보내는 여러 채널들 중에서 하나의 채널을 선택할 수 있는 자유일 뿐이다.

평소 시장경제를 강하게 지지하는 사람들조차도 현재 모든 것을 시장에 내버려두지 말고, 대신에 비시장적으로 통제되는 채널들을 어느 정도 유지해야만 한다고 느끼고 있다. 왜냐하면 다른 관심을 가진 시청자들도 선택할 수 있는 프로그램들이 있어야 하기 때문이다.

더 일반적으로 말해서, 시장은 자원을 필요에 따라 분배할 수 없고, 오직 돈이라는 단어로 표현되는 수요에 따라 자원을 분배할 뿐이다. 이것은 시장은 언제나 돈을 가장 잘 쓰는 그런 종류의 수요만을 선호한다는 것을 의미한다.

시장경제에 대한 근본주의적 지지자들은 일반적으로 이러한 비판을 거부하면서 생산이 수요가 가장 많은 곳의 움직임에 따라 이동하는 것은 당연한 일이라고 말한다. 즉 그들의 논리는 많은 수요는 많은 욕구를 반영하고 있다는 것이다. 이것은 수요를 결정하는 경제적 수단들 간의 차이의 중요성을 완전히 무시하는 그런 생각이다. 라틴 아메리카의 가난한 마을에 사는 어린이들은 종종 신을 신발조차도 마련할 수 없는데 반해, 동시에 상류계급의 가족들은 하루의 소일거리로 옷을 사곤 한다. 그런데 이러한 사실은 신발에 대한 어린이들의 욕구가 호화스럽고 유행하는 의상에 대한 상류계급의 욕구보다 작다는 것을 의미하지 않는다. 이 사실이 분명히 보여주는 단 한 가지는 상류계급은 소비에 지출할 돈을 상당히 많이 가지고 있다는 것이다.

물론 이 물건, 저 물건이 있다고 할 때 '욕구'가 과연 무엇인지 객관적으로 규정하기란 종종 어렵다. 빨간 안락의자에 대한 '욕구'를 파란 자전거에 대한 '욕구'와 비교해서 수많은 객관적 기준으로 정리하는 것은 어렵다. 이것은 전자레인지 오븐에 대한 '욕구'를 CD, 활강 스키장비 또는 개인 정원의 바위들과 잘 어울릴 나무들에 대한 '욕구'와 비교하기 어려운 것과 마찬가지다. 소비자들의 이러한 선호는 오직 자유 시장에서만 표현될 수 있다. 여기서 (대체적으로 비슷한 능력을 지닌) 소비자는 자신의 수입이라는 한도 내에서 각자가 선호하는 상품을 스스로 결정할 수 있다.

하지만 우리가 확실히 정의할 수 있는 어떤 매우 기본적인 욕구들이 있다. 이중에는 음식, 신선한 공기 그리고 깨끗한 물, 의료 그리고 교육에 대한 욕구가 있다.

글자 뜻 그대로의 생명에 중요한vital 재화들이 있는데 이러한 재화들의 공급이 환경적 또는 경제적 요인들에 의해 제한된다면 이 재화들을 가격 메커니즘이라는 수단을 통해 분배하는 것은 합리적이지 못하다. 즉 다시 말해 자기가 원하는 것에 대해 지불능력이 있는 사람에게는 마음껏 구입하도록 허용하고, 그럴 능력이 없는 나머지 사람들은 방치하는 것이나 다름없다. 따라서 이런 상황에서는 시장 경제 이상의 무언가가 필요하다.

병원 치료, 교육 같은 사회서비스들은 바로 생명에 중요한 '재화들'의 좋은 예이다. 여기서는 지불능력이 아니라 욕구의 유무가 재화의 분배를 결정해야만 한다. 그러나 인류가 조심스럽게 사용해야 하는 모든 유한자원들 중에서 가장 중요한 자원은 당연히 넓은 의미에서의 환경이다. 신선한 공기와 깨끗한 물은 우리가 왈가왈부할 수 있는 것이 아니다. 또 마찬가지로 멕시코 만류*가 얼마나 멀리 흐르는가의 문제 또는 오존층이 얼마나 얇아지고 있는가의 문제도 이것저것 따질 문제가 아니다.

이런 이유 때문에 이것들은 '시장 용어들로 관리'할 수 있는 자산들이 아니다. 바로 여기서 시장이 자연 자원을 다루는 방식을 통제할 수 있는 강제적 규칙들을 제정할 필요가 있다. 이것들은 시장이 혼자서는 결코 만들 수 없는 규칙들이다. 이것들은 정치적 과정이라는 맥락에서 제정되어야 한다. 그런데 정치적 과정의 출발점은 자연이 견뎌낼 수 있는 것이 과연 무엇인가 대한 논의가 되어야지, 좋은 환경을 만들기 위해 '시장'이 지불할 용의가 있는 가격이 얼마인가에 대한 논의가 되어서는 안 된다.

물론 우리는 어떤 경우에는 환경을 보호하기 위해 시장 메커니즘을 이용할 수 있다. 예를 들어 환경을 파괴하는 활동에 대해 매우 비싼 벌금을 물리도록 함으로써 더 이상 그렇게 할 엄두를 내지 못하게 하는 것이다.

하지만 이러한 벌금은 시장이 스스로 고안할 수 없는 것이다. 이것은 '시장' 바깥에서, 즉 정치의 영역에서 이루어져야만 한다.

현재의 정치적 논쟁에서는 시장경제와 정치적으로 조정된 경제를 서로 반대되는 것, 즉 마치 양자를 두 개의 양립 불가능한 실체로 간주하는 경향이 있다. 하지만 실제에 있어서 이것은 '이것이냐/저것이냐'의 문제가 아니다. 이것은 오히려 '함께/그리고'의 문제다. 시장경제는 소비재 수요를 충족시키는 데 있어서 부드럽고 효율적인 체제다. 하지만 소비자와 생산자간의 그리고 여러 형태의 소비자 집단들 간의 공정한 균형(이것들은 시장이 자신의 원칙을 따라 작동하도록 하기 위해 필요

---

* 멕시코만에서 미국 동연안을 따라 북상하여 북대서양 해류로 이행하는 난류—역주.

하다)을 이루기 위해서는 정치적 행동이 종종 필요하다.

시장이 제공할 수 없는 것들이 있다. 몇 가지 이유로 가격표를 붙일 수 없거나 또는 가격 메커니즘에 의해 분배되어서는 안 되는 재화들의 이용을 위해서는—인간의 중요한 욕구를 배려해야 한다는 생각에서—정치적 규제들이 필요하다.

사회민주주의는 이것을 보통 혼합 경제라고 부른다. 그리고 이것이 바로 사회민주주의가 추구하는 모델이다.

경제적 민주주의

경제적 생활에 대해 사회민주주의가 요구한 것들은 일반적으로 '경제적 민주주의'라는 표어로 요약된다. 이것은 경제생활이 혼합경제의 틀 내에서 작동하는 방식에 대한, 몇몇 다양한 요구들을 지칭하는 일반적 용어다. 또 이것은 어떤 특정한 조직화를 통한 해결이라는 단 하나의 요구 보다는 몇몇 다양한 차원에서의 요구를 의미한다.

우리가 앞에서 여러 번 지적했듯이, 국유화/사회화에 대한 고전적인 요구는 권력의 문제였다. 즉 기업, 경제생활, 사회에 대한 권력의 문제였다. 노동운동이 성장하기 시작할 무렵인 1800년대 후반 동안 사적 소유는 이 모든 영역에서 상당한 권력을 확보하고 있었다. 때문에 소유 문제는 노동운동에 의해 제기된 비판의 핵심대상이었으며, 또 이로 인해 바람직하다고 생각된 해결책이 바로 사적 소유의 폐지였다.

그러나 실제에 있어서 중요한 문제는 사적 자본가로부터 권력을 빼앗는 것만이 아니었다. 그것은 또한 권력을 분산시키는 것에 관한 문제이기도 하였다. 그것은 많은 다양한 차원의 권력 문제, 즉 오직 하나의 경로—그것이 사적 이윤 동기이든 국가 소유이든 상관없이—만을 통해 행사되지는 않는 권력의 문제였다. 1800년대 거대 산업가들이 가졌던 권력의 일부는 당연히 시민의, 민주적 기관으로 이양되어야만 했다. 이것은 특히 투표권의 개혁에 의해서 이루어졌는데, 이 개혁은 자본가의 이해와는 다른 이해들도 입법과 조세과정에 영향을 미칠 수 있도록 하였다. 하지만 다른 문제들은 전혀 정치적 차원에서 다루어지지 않았다. 그것들은 소비자들에게 더 많은 자원을 제공하여 그들이 공급의 다양성과 질에 대해 영향을 미칠 수 있게 하는 문제, 그리고 피고용인들에게 권력을 주어 그들이 임금과 고용조건에 영향을 미칠 수 있게 하는 문제였다.

국유화라는 고전적 요구는 실제 현실에 있어서 너무나 편협한 수단이었다. 이것은 위에 말한 권력의 다양성이 생겨날 여지를 전혀 주지 않았다. 완전히 국유화된 경제에서는 임노동자, 소비자 그리고 시민의 영향력은 동일한 경로를 통해 행사되어야만 한다고 생각했는데, 이것은 결코 그렇게 될 수 없는 것이었다. 여러 종류의 영향력들은 각각에 알맞은 여러 종류의 수단들을 필요로 한다. 그리고 모든 것이 적절하게 작동되도록 하는 것이 중요하다. 그렇지 않을 경우 최종 결과는, 소비에트 체제 사례에서 나타났듯이, 그 어느 것도 제대로 작동하지 않는 것일 수 있다.

경제적 민주주의는 많은 다양한 방법을 통해 생산과 노동생활 전반에 대해 영향력과 공동 결정권을 만들어내는 문제다. 따라서 그것은 두

세 개의 단순한 도식적 모델로 요약될 수 없다. 이것은 또 경제민주주의가 내용면에서는 예전의 국유화 요구보다 훨씬 풍부하지만, 겉으로는 국유화 요구만큼 강력하게 보이지 않는다는 것을 의미한다.

경제적 민주주의의 중요한 부분은 당연히 자신들의 노동조건에 대한 임금노동자들의 영향력이다. 이것은 노동자들이 해당 기업의 주식을 구입해야 하는 힘들고 우회적인 방법을 통하지 않고도, 노동자로서의 역할 속에서 가져야만 하는 영향력이다. 이외에도 소비자와 소비자들의 이익을 보호하기 위한 실제의 영향력 역시 경제적 민주주의의 중요한 부분이다. 마찬가지로 노동생활의 이런 부분들에 대한 일반 시민들의 영향력 또한 전체로서의 사회적 관계를 위해서 중요하다.

그러므로 경제적 민주주의는, 스웨덴 사회민주주의의 당 강령에 쓰여 있듯이, "여러 차원에서 그리고 다양한 형태로" 행사되어야 한다.

어떤 차원에서는 그것은 정치적 영향력, 시민의 영향력의 문제이기도 하다. 이것은 일정한 경제적 통제수단 그리고 일정한 형태의 법안(몇 가지만 언급하자면 환경관련 법안, 노동환경 관련 법안, 공동결정에 관한 법안, 생산물의 안전성과 정보에 관한 법안들이 있다) 둘 다에 대한 요구를 의미한다. 하지만 경제적 민주주의는, 정치적 민주주의가 법과 정부 당국의 통제에만 기반 해서는 제대로 실현되기 힘든 것과 마찬가지로, 오직 사회적 규제에만 기반 해서는 유지되기 힘들다. 따라서 그것은 사람들의 참여 기회의 문제, 즉 개인적·집단적으로 또 임노동자·소비자로서 영향력을 직접 행사하고 동시에 책임을 지는 문제이기도 하다.

임노동자의 영향력은 몇몇 영역에서는 집단적으로, 즉 노동조합이라는 조직을 통해서 행사되어야만 한다. 왜냐하면 이것은 한편으로는 공동의 이해가 걸린 문제이기 때문이기도 하지만, 다른 한편으로 보면 임노동자들에게 협상력을 제공할 수 있는 것은 단합된 행동뿐이기 때문이다. 노동시장에서 수요가 많은, 고등 교육을 받은 전문직들은 물론 임금인상을 위한 협상을 자신들만의 힘으로 해낼 수 있지만, 청소부, 용접공 또는 점원은 단체의 도움을 필요로 한다.

그러나 또 다른, 마찬가지로 중요한 영역들에서 그것은 어떻게 하면 개인이 자신의 일을 통해 발전할 수 있는가 그리고 자신의 일에 대해 영향력을 행사할 기회를 확대시킬 수 있는가의 문제이기도 하다. 이 문제와 관련해 볼 때, 오늘날 스웨덴의 노동 생활은 사람들 간에 매우 큰 격차가 존재한다. 어떤 직업들은 많은 자유와 상당한 자아발전의 기회를 제공한다. 반면에 다른 직업들에서는 일이 단순 반복적이며 자아발전의 여지가 거의 없고, 세세한 일까지 엄격하게 통제당하고 있다. 지위에 상관없이 누구나 자신의 일에 대한 영향력을 가지고 자아발전을 꾀하며, 또 경력을 쌓을 수 있는 기회를 가질 수 있도록 노동생활이 마련되어야 한다는 것은 사회민주주의의 확고한 입장이다.

그런데 이러한 기본적으로 개인적인 목표들을 안정적으로 이룩하기 위해서는 종종 노동조합 조직을 통한 집단적 노력이 현실적으로 필요하다!

소비자들의 영향력은 종종 공동의 행동들—예를 들어 생산자 입장에서의 환경 문제의 접근에 대해 압력을 가하기 위한 캠페인—을 통해 성공적으로 행사된다. 예를 들어 어린이 보육 또는 학교교육 같은, 집단적으로 이용하는 서비스에 문제가 생길 경우, 역시 부분적으로 집단(예를 들어 같은 반 또는 같은 학교의 학부모들과 학생들)적 수단을 통한 영향력의 행사가 중요하게 된다. 따라서 공공 부문의 업무는 위와 같은 형태의 소비자 영향력이 행사될 수 있는 방식으로 만들어져야만 한다.

하지만 수많은 소비자들의 영향력은 개인적이고 또 개인적일 수밖에 없다. 이들 중 일부는 다양한 대안들 중에서 어떤 선택을 하느냐 하는 문제다. 그런데 이러한 선택권은 다양한 제품의 공급을 전제하고, 또 이것은 다시 생산자가 소비자들과의 직접적인 접촉 속에서 일을 해나갈 것을 요구한다. 그런데 '시장'은 물론 공공부문에서도 경제적 이유로 인해 선택의 폭이 제한된다면, 이는—어떤 대안이 제시될 수 있는가하는 문제에서 물론 이러한 제한이 또 하나의 대안으로 간주될 수는 있겠지만—전혀 다른 성격의 문제를 야기한다.

그러나 선택할 수 있는 권리는 소비자가 시장에서 다양한 제품들을 (단지 제일 싼 것만을 고르기 위한 것이 아닌) 서로 비교할 수 있는 경제적 자원을 가지고 있다는 것을 전제하는 것이다. 그러므로 경제적 민주주의는 적절한 임금을 요구하는 것이다!*

그런데 경제적 민주주의의 서로 다른 당사자들 간에는 긴장이 생겨날 수 있다. 복지 시설 또는 병원 시설에서 일하는 종업원들은 일하는 다른 모든 사람들과 마찬가지로 자신들의 일과 노동조건에 대한 영향력

---

* 왜냐하면 임금이 너무 낮아 돈이 모자라면 제일 싼 것만을 고를 수밖에 없고, 따라서 선택할 수 있는 권리는 실제로 줄어드는 것이 되기 때문이다–역주.

을 행사할 권리를 가진다. 하지만 이러한 영향력 행사는 환자와 환자의 친척들이 그들이 받고자 하는 서비스에 영향을 행사할 권리와 조율되지 않으면 안 된다. 환경보호를 위해 더 많은 비용을 지불하라는 시민들의 일반적 요구는, 적어도 단기간 동안은, 새로운 환경보호 요구로 인해 생산비가 올라가게 될 기업들의 일자리에 대한 위협으로 보일 수 있다. 따라서 안정된 일자리를 가지고자 하는 종업원들의 희망은, 여러 대안과 제품들 중에서 고를 수 있는 소비자의 선택의 자유, 즉 당연히 어떤 제품들 또는 어떤 기업들은 자신들의 선택에서 제외될 수 있고 또 경우에 따라서는 사라져야만 한다는 것을 포함하는 자유의 입장과 정반대의 입장에 서게 만들 수 있다.

이런 종류의 갈등에 대한 매우 명쾌한 해결책은 거의 없다. 그러므로 서로 다른 이해들이 토론에서 자신의 입장에 대해 발언할 수 있도록 하는 것이 매우 중요하다. 그리고 이것은 또한 왜 영향력을 행사하는 방식들이 다양하게 존재해야만 하는가에 대한 이유다. 이런 상황이 되면 사람들은 토론을 통해 최선의 가능한 해결책을 모색하려 노력할 것이다. 그리고 이것은 국가에 의해서 강제적으로 지시된 것이 아닌, 관련 당사자들에 의해서 이루어져야 하는 그런 것이다.

초창기부터 노동운동의 내부에서는 '사회주의'는 안정되고 언제나 보장되는 일자리를 창출해 줄 수 있을 것이라는 견해가 있었는데, 이것은 후에 경제적 민주주의에 관한 논쟁에서 자신의 한계를 뚜렷이 드러내고 말았다. 이러한 견해는 당연히 불가능한 것이다. 기술적 발전과 소비자 수요의 변화는 항상 어떤 일자리와 어떤 기업들은 사라지고 대신 새로운 다른 일자리와 기업들이 등장한다는 것을 의미한다. 그러나 바로 이 때문에 앞의 변화로 인해 타격을 받은 사람들은 새로운 환경에 적응할 수 있도록 도움을 받아야 한다는 것이 경제적 민주주의의 일부라는 사실을 아는 것이 중요하다.

이렇게 볼 때, 경제적 민주주의는 여러 가지가 섞인 종합적 이념이다. 하지만 그것은 노동운동의 고전적 목표를 표방하고 있다. 즉 경제생활은 기업가의 자기 이익에 의해서 통제되어서는 안 된다는 것 그리고 경제생활은 그것에 의해 영향 받는 여러 다른 집단들 간의 상호작용의 문제라는 것을 표방하고 있다.

공산주의는 왜 붕괴했는가?

1917년에 레닌의 볼셰비키주의자*들은 나중에 10월 혁명으로 알

> *볼셰비키(Bolshevik)는 소련 공산당의 전신인 러시아 사회민주노동당 정통파를 가리키는 말로 멘셰비키에 대립되는 개념이며, 다수파(多數派)라는 뜻으로 과격한 혁명주의자 또는 과격파의 뜻으로도 쓰인다. 1898년 G. V. 플레하노프를 중심으로 민스크에서 조직된 러시아 사회민주노동당은, 1903년 영국 런던에서 개최된 제2차 당 대회에서 마르크스의 기본적인 여러 명제를 공식적으로 받아들였다. 그러나 이 당 대회에서 당원자격 및 투쟁방식을 둘러싸고, N. 레닌을 중심으로 하는 혁명적인 의견과 L. 마르토프를 중심으로 하는 온건적인 의견이 대립하여 내적 갈등이 첨예화하였다. 이때 레닌파가 다수였으므로 볼셰비키라 하게 되었다. 그 뒤로 다수파인 볼셰비키의 이념적 입장은 볼셰비즘이란 개념으로 집약표현되었다. 정통 서구마르크스주의의 영향을 크게 받은 멘셰비키(소수파)가 부르주아민주주의혁명을 당면 과제로 삼아 민주적 투쟁방식을 강조한 데 반하여 볼셰비키는 민주적 자유주의의 단계를 거치지 않는 무산계급에

려진 사건을 통해 러시아에서 권력을 장악했다. 러시아는 소비에트 사회주의 공화국 연합, 즉 소련이 되었다. 토지, 천연자원, 산업공장은 정부에 의해 몰수되었다. 왜냐하면 새로운 정치 지도자들의 말로는 바로 이것이 마르크스가 예견했고, 또 그 위에서 새로운 계급 없는 사회가 건설될 프롤레타리아 혁명, 사회주의 혁명이었기 때문이다.

1989년에 소비에트 제국은, 오랜 기간 동안 완전한 테러 지배로 나타났던 억압과 자유의 결핍이라는 역사만을 남긴 채, 자신의 누적된 실패들을 더 이상 견디지 못해 갑자기 붕괴하였다. 베를린 장벽과 마찬가지로 갑자기 무너진 사회구조는 실제로는 매우 엄격한 계급사회였다. 거기서 모든 권력은 소수의 전제적인 최상위 계급의 수중으로 집중되었으며, 그런 사회는 자유, 평등, 형제애라는 사회주의적 가치들(바로 이 이름을 내세우며 소련은 등장했었다)과 모든 면에서 갈등을 빚었다. "모든 것은 정반대로 변화한다"는 독일의 19세기 철학자 프리드리히 헤겔Friedrich Hegel의 말이 들어맞은 셈인데, 그의 이른바 변증법적 발전 법칙은 마르크스주의에서 중요한 역할을 한 바 있다.

소련 체제는 '사회주의' 개념을 매우 심각하게 아주 나쁜 것으로

의한 폭력적 정권탈취와 체제변혁을 위하여 혁명적 전략전술을 주장하였다. 볼셰비키는 무엇보다 의식 있는 소수정예의 직업적 혁명가들에 의한 중앙집권화된 당 조직의 필요성을 역설하며, 이들 첨병들로 구성된 혁명당에 의한 폭력혁명과 독재정치의 이론을 펼쳤다. 민주적 중앙집권제라 불리는 당조직 이론은 훗날 공산주의 체제의 관료독재의 이론적 모태가 되었다(두산백과사전 EnCyber & EnCyber.com 참조)-역주.

만들었다. 그리고 많은 사람들, 특히 좀 더 보수적인 경향의 사람들은 소련체제야말로 무엇보다 평등과 연대 같은 사회주의적 가치들이 전혀 실현불가능하다는 것을 단적으로 증명한다고 주장한다.

그러나 자유가 없었고, 불평등하고 또 전혀 연대적이지 않았던 사회 체제가 붕괴했다는 사실에서 자유, 평등, 연대의 이상을 실현할 가능성이 있다 없다고 말할 수 있는 근거는 당연히 어디에도 없다. 이 사실이 말해주는 것은 바로 이 이상들에 반대되는 행위를 저지르는 방법들을 통해서는 이러한 이상들은 결코 실현될 수 없다는 것이다. 이것을 마르크스주의적 용어로 다시 표현하자면 이렇다. 만약에 생산력이—소련의 사례처럼—다수에 대한 소수의 지배 권력을 무조건 인정하는 방식으로 조직화된다면, 그런 사회는 민주적이거나 평등할 수 없다.

사회민주주의에게 있어서 이러한 사실은 항상 너무나 자명한 것이었다. 그러나 불행히도 오늘날 그러한 교훈을 무시하는 일부 사회주의적 논쟁들이 여전히 남아있다. 이들은 이러한 교훈에서 배울 생각은 하지 않고 대신에 계획경제가 붕괴한 원인을 독재적 지도자들, 러시아 차르 시대로부터 유산으로 내려온 오래된 비민주적 구조 등에서 찾고 있다. 하지만 이것은 사실을 너무나 왜곡하는 것이다.

소련 체제 붕괴의 가장 큰 원인은 소련의 모든 정치적, 경제적 조직의 기틀을 만든, 마르크스 - 레닌주의로 알려진 러시아 공산당의 이데올로기에 있다. 여기서 우리가 이끌어내야 할 피할 수 없는 교훈은, 사회주의적 이상에 충실하고자 하는 사람이라면 중앙집권적으로 통제된 획일적인 체제는, 비록 외형적 구조(생산수단의 집단적 소유)가 고전적 사회주의 이론과 일치한다 하더라도, 이러한 이상을 결코 실현할 수 없다는 것을 깨달아야 한다는 사실이다. 중요한 것은 형식이 아니라 내용과 기능이다.

볼셰비키 혁명

1917년 3월에 러시아 차르 체제는 여러 해 동안의 광범위한 사회적 불안 그리고 가혹한 전체주의적 지배에 저항하는 반란들이 있고 나서야 전복되었다. 자유주의적 민주 정부가 권력을 장악했지만, 이 정부는 다시 그 해 11월, 레닌의 지도하에 있었던 소수이지만 잘 조직화된 공산당인 볼셰비키에 의해 폐지되었다.

(당시 러시아에서는 과거의 그레고리안 달력을 여전히 사용하고 있었는데, 이 달력을 기준으로 할 경우 혁명은 2월과 10월에 일어난 것이 된다. 이 혁명들은 보통 역사책에서 2월 혁명과 10월 혁명으로 알려져 있다.)

11월에 일어난 변화는 볼셰비키들이 관공서를 접수하고 정부에게 사퇴를 강요하면서 당시 수도이었던 페트로그라드 내 통신의 중요한 거점들을 재빨리 장악했던 일종의 쿠데타였다. 그런데 그 당시에는 (볼셰비키들조차도 그전에 감히 주장하지 못했었던) 사회주의적 정권 탈취에 대해 아무런 광범위한—심지어는 일정 정도의—대중적 지지도 없었다. 따라서 이 혁명은 인민들을 대신해서 이루어졌지만, 인민들과 더불어 이루어진 것은 아니었다. 왜냐하면 볼셰비키들 스스로는 자신들만이 일반 인민들과 달리 무엇이 사회발전 과정에 필요한지를 알고 있다고 생각했기 때문이다.

소수의 '엘리트'들만이 현실이 어떤지를 올바르게 이해할 수 있고, 따라서 인민들이 스스로 무슨 생각을 가지는가에 상관없이 이 소수 엘리트들은 그들을 대신해서 행동할 수 있는 권리를 가진다는 이러한 관념은 소련을 파멸로 이끈 첫 번째 원인이었다. 소련 체제 전체가 기반하고 있었던 것은 바로 이 이론, 즉 전위avant-garde 이론이었던 것이다.

볼셰비키들은 자신들의 혁명과 관련하여 매우 근본적인 이론적 문제에 봉착했다. 혁명은 자신들이 그렇게도 강조했던 마르크스주의적 발전 도식을 따르지 않았다. 이 도식에 의하면 프롤레타리아 혁명은 반드시 자본주의 단계를 거쳐야만 한다. 즉 자본주의가 도래해야만 생산력이 풀려나고, 이 풀려난 생산력이 엄청난 생산을 달성하게 만들어, 결국 계급 없는 사회가 비로소 가능해진다. 하지만 자본주의는 이러한 과업을 달성할 수 없다. 왜냐하면 자신이 만든 이러한 생산력을 통제할 능력이 결여되어 있기 때문이다. 따라서 이러한 발전을 위해서는 프롤레타리아 혁명이 필요하다. 그리고 이 혁명은 동시에 인구의 다수를 구성하는 산업노동자에 의해 수행될 것이라고 보았다.

하지만 1917년 당시의 러시아는 자본주의적 산업사회가 아니었다. 오히려 봉건적 농업사회의 성격이 더 강했다. 따라서 1905~1917년 사이에 있었던 반란과 사회적 불안은 오히려 이 봉건 체제가 성장하는 산업 (그리고 상업) 경제의 요구에 적절히 대처하지 못한 무능력에 대한 반작용으로 볼 수 있다. 산업 노동계급이라 언급할 만한 집단은 거의 존재하지 않았으며, 따라서 마르크스주의적 의미에서 볼 때, 1917년의 러시아는 어느 면에서 보아도 사회주의 혁명을 할 조건이 형성되어 있지 않았다.

　10월 혁명은 마르크스주의 경제법칙 도식을 따르지 않았다. 그것은 마르크스 자신이 역사의 경로에 영향을 주는 방법으로는 다소 적합하지 않다고 배제했던, 정치 편향적인 형태의 행동이었다. 이 혁명은 혁명가들이 발전 도식의 몇 단계를 뛰어넘기를 바라면서, 그들이 보기에 역사적으로 정해진 발전 경로에 영향력을 미치려는 의지가 표현된 것이었다. 따라서 발전과정에 영향을 미치려는 자신들의 이런 노력과 마르크스의 이론을 조화시키기 위해 볼셰비키들은 '전위'(vanguard: 프랑스말로는 avant-garde라고 함) 이론을 만들어 냈다.

전위 이론

　전위 이론은 소수의 선구자, 계몽된 엘리트들이 역사의 객관이고 주어진 경로를 어떤 다른 집단보다 제대로 이해하고, 이 역사과정을 인민의 이름으로 실천하여 단축시킬 수 있고, 이로 인한 변화는 결국 역사의 발전에 궁극적으로 기여한다고 주장한다.

　이 이론은 마르크스주의의 결정론, 즉 사회의 발전은 법칙에 의해 좌우되며 따라서 이에 대해 재론할 필요가 없다는 시각에 근거하고 있다. 발전은 운명적으로 정해져 있다는 생각과 이 발전과정을 가속화할 수 있는 엘리트의 역할이라는 생각에 맞추어서 프롤레타리아 혁명은 시기를 앞당기거나, 소수의 사람들에 의해서 실행될 수 있는 것으로 보았다. 또 이러한 생각에 따라 모든 정치적 권력은 공산당, 즉 올바른 발전

경로를 해석하고 이해할 수 있는 '전위'를 위해 사용될 수 있는 것이었다. 이러한 역사적 결정론에 따르면 다른 정당들에게는 정치적 권력이 허용되어서는 안 되고, 또 허용될 필요도 없는 것이었다. 왜냐하면 다른 정당들은 오직 잘못된 발전의 길로만 인도하기 때문이라는 것이다.

소련 공산당에 당원으로 가입하는 문은 결코 개방적이지 않았다. 이 당은 소련 지배의 전 기간 동안, 소수의 선택된 자들만의 정당이었다. 당원이 되길 원하는 사람은 매우 장기간에 걸쳐 자신이 당원으로 채택될 자격이 충분히 있는 자라는 것을 증명해야만 했다. 그리고 '자격 있는' 지원자의 기준이 무엇인지는 이미 당내에 권력을 쥐고 있는 자들이 일방적으로 결정하였다. 당에 대해 비판적인 사람들은 정치에 영향을 미칠 수 있는 다른 정당을 만들 수도 없었고, 또 정치를 변화시키기 위해 유일하게 허용된 정당에 가입하려 해도 가입할 권리를 가지지 못했다. 소련 전 인구의 약 10%가 넘지 않는 사람들만이 공산당 당원이었는데, 이렇게 당원 수가 적었던 것은 당이 의도적으로 당원가입을 제한했기 때문이다. 이것은 소련 공산당이 인민 대중을 위한 당이 아니라 계몽된, 마르크스주의적으로 훈련된 엘리트들만을 위한 당이었음을 의미한다.

전위 이론은 역사결정론적 시각과 논리적으로 잘 맞아 떨어진다. 역사의 최종 단계가 특별한 방식으로 반드시 온다고 생각하는 사람들에게 있어서 최종 목적지에 좀 더 빨리 도달하기 위해 많은 중간 단계들을 뛰어넘을 수 있다고 결론내리는 것은 불가능한 일이 아니다. 이들의 오류는, 당연한 이야기지만, 역사적 발전이라는 것이 사전에 결정되는 것이 아니라 개인이든 집단이든 사람들의 행동에 의해 영향을 받는다는 사실을 간과한 데 있다. 그리고 마르크스 - 레닌주의자들처럼, 대중들이 통제할 수 없는 권력을 지닌 소수에 의해 만들어지는, 오직 특정한 형태의 정치적 영향력만을 인정하는 사람들이 지배하는 곳에서는 자유와 평등이라는 민주주의적 원칙과의 정면충돌이 불가피하게 일어날 수밖에 없다.

그런데 우리는 이러한 엘리트 이론, 역사적 결정론과 이상할 정도로 너무나 유사한 주장들을 정치적 우파의 정치사상 내 특정 흐름에서도 발견할 수 있다. 우파 내에서 우리는 특히 지식이 많거나 능력이 있는 것으로 간주되는 사람들이 권력과 영향력을 가져야만 한다는 입장으로 나타나는 일종의 엘리트주의적 사고를 발견할 수 있다. 우파가 보편선거의 도입을 반대했을 때, 그들은 '무식한' 시민들이, 모든 시민들에게 이익이 되는 안정되고 조용한 사회발전을 위험에 빠뜨리려는 무책임한 선동가의 손쉬운 희생물이 될 것이라는 이유를 주요한 논거로 내세웠다.

한편 신자유주의 진영 내에도 매우 분명한 역사적 결정론의 요소들이 있다. 1990년대의 논쟁들에서는 다른 견해와 의견들을—다수의 유권자들이 분명히 이를 지지하는데도 불구하고—'발전'의 요구와 맞지 않는다는 식으로 부정하는 수많은 주장들을 볼 수 있었다. 신자유주의적 사고에 영향을 받은 몇몇 지역정치가들은 다양한 시민집단들이 제기하는 비판을 쉽게 거부하면서 자동차가 막 다니는 "도로 한 가운데 있는 사람"이 곧 무슨 일이 닥칠지 전혀 모르고 있는 경우라고 말하기도 하였다. 정부 정책은 '하나의 유일한 방법'이라는 사고에 따라 시행되었는데, '발전'이라는 측면에서는 말 그대로 유일하게 바람직하지 않은 정책이었다. 당시 중요했던 것은 이데올로기적 지형이었다. 그때의 지형이 현실과는 전혀 다르게 나타났었다는 사실에 대해 우리는 어떤 각별한 주의도 기울이지 못했던 것이다.

따라서 소비에트 체제가 주는 교훈을 깊이 반성해보아야만 하는 사람들은 정통 마르크스주의자들뿐만이 아니다. 운명론적 사고, 역사의 발전이 민중들의 행동에 의해서는 결코 조절될 수 없다고 보는 발전에 대한 숙명론적 견해는 합리적인 문제 해결과는 양립할 수 없다. 그리고 바로 그 이유로 인해 민주주의와도 양립할 수 없다.

새로운 경제적 '상류'계급

왜 소련에서의 발전이 원래 건설하고자 했던 사회주의 이상과 동떨어져 나아가게 되었는가에 대한 설명은 마르크스 - 레닌주의 이론에서 찾을 수 있다. 멸망 직전에 '현실적으로 존재하는 사회주의'라 불렸던 이 소비에트 체제는 생산수단의 집단적 소유라는 마르크스주의적 기준은 끝까지 고수했지만, 사회주의적 가치들 중 어느 하나도 제대로 실현한 적이 없었다. 즉 자유, 평등, 연대 그리고 민주주의 그 어느 것도 실현하지 못했다. 그것은 자유가 없는 체제였다. 왜냐하면 사람들이 자유롭게 자신의 생각을 말하거나 표현하고, 이를 통해 자신이 살고 있는 사회에 자유롭게 영향을 주는 것이 허용되지 않았기 때문이다. 그것은 또 불평등한 체제였다. 왜냐하면 사람들이 살았던 그 사회는 사람들을 특권 계층과 비특권 계층으로, 대중에 의한 통제가 불가능한 권력 엘리트와 아무런 힘도 가지지 않은 다수의 대중으로 나뉘기 때문이다. 그리고 그

체제는 비연대적 체제였다. 권력자들이 시민들에게 행한 가혹한 통제는 서로를 의심하게 만들었고 이는 결국 사람들 간의 진정한 협력과 신뢰를 불가능하게 했기 때문이다.

이 모든 것은 민주주의의 부재에서 그 원인을 찾을 수 있다. 이 민주주의의 부재는 체제자체의 이데올로기에 내장되었던 것이다.

그럼에도 소비에트 체제가 사회주의 이상을 실현하는 데 실패하고 또 자신들만이 진정하게 대변하고 있다 생각했던 마르크스주의의 발전도식으로부터도 실제로 벗어났다면, 우리는 이 체제의 역사와 붕괴를 다시 마르크스주의적 용어로 설명할 수 있다. 10월 혁명이 만들어낸 것은 실제에 있어서 생산의 핵심적 요소가 토지와 자본에서 정치적 권력으로 바뀐, 새로운 생산제도였다. 공산당 지도부는 사회의 귀족이었으며 생산과 관련된 모든 기관을 통제하였다. 과거 모든 시대의 모든 귀족들과 마찬가지로 그들은 자신들만의 이익을 위해 권력을 사용하였다.

소련은 권력, 소득, 특권의 문제 그리고 생산수단을 통제하는 자와 통제당하는 자 간의 개인적 발전기회의 차이라는 문제에 있어서 엄청난 격차가 존재했던 분명한 계급사회의 한 사례다.

소련은 공산주의 시절에 산업화되었고 또 2차 대전 이후에는 일정 부문의 테크놀로지, 즉 주로 무기제조와 우주공학분야에서 선두에 있었다. 얼마나 독재체제가 일부 유형의 테크놀로지 발전에 필요한 자원을 효과적으로 동원할 수 있는가에 대해서는 경제사에서 몇몇 사례가 있다. 1970년대 세계 경제가 어느 정도 자유주의화로 나갈 때, 소련이 곧 미국 경제가 누렸던 경제적 이점을 따라 잡을 것이라는 견해를 가진

자들 중에는 심지어 서방의 경제학자들도 있었다. 바로 뒤이어 1980년 대에 미국은 소련의 성장하는 경제적, 군사적 잠재력에 대한 두려움에서 우주공학과 무기에 대해 —즉 이른바 '별들의 전쟁Star Wars' 프로그램— 대대적 투자를 하였다.

그러나 독재체제는 성장하는 현대 경제에서 나타나는 생산물의 다양성과 풍요를 충족시킬 수 없다. 소련의 경직된 계획경제에서는 시대의 변화를 읽는 것은 고사하고, 소비자들의 변화하는 기호에 부응할 수 있는 기회는 존재하지 않았다. 원활하고 효율적인 생산 체제를 만드는 데 필요한 진취적 창의성이 발현될 여지는 경영진이든 평사원이든 그 어느 쪽에서도 거의 없었다. 계획경제를 무너뜨린 것은 바로 자원의 낭비, 그리고 소비자의 수요를 점점 충족시키지 못하는 무능력, 즉 비효율성이었다.

역설적이게도 이러한 붕괴 역시 마르크스주의적 용어로 다시 설명할 수 있다. 소련의 공산당은 나라의 생산 체제를 분명히 개조했고 또 그렇게 함으로써 "생산력을 해방시켰다". 하지만 단 하나의 정당만을 가진 국가는 노동하는 대중들의 욕구를 충족시키는 방향으로 이 생산력들을 조정할 능력을 가지지 못했던 것이다. 체제에 원래부터 내장된 갈등이 결국 그 체제를 붕괴시킨 것이다.

공산주의의 부활?

계획경제가 붕괴된 지 10년도 채 지나지 않아서 몇몇 동유럽 국가들에서는 공산당이 다시 정권을 장악했거나 또는 선거에서 실질적인 약진을 보였다. 이들 중 몇몇 경우는 마르크스 - 레닌주의적 유산들을 완전히 정리한 개혁정당들이다. 또 다른 경우는 과거에 일어났던 일에 대한 반성이 의심스러운 정당들이고, 더 심한 경우는 과거의 이념을 여전히 강하게 주장하는 정당들이다.

과거의 공산당들이 그들의 잘못된 역사에도 불구하고 다시 정치적 역할을 하기 시작했다는 사실은 상당부분 이러한 나라에서의 정치적, 경제적 재조정에서 야기된 갈등에 그 원인이 있다. 물론 많은 사람들은 구체제에서는 결코 누릴 수 없었던 새로운 기회들을 이제 누릴 수 있게 되고, 또 실제로 더 나아졌다. 하지만 다른 많은 사람들 역시 사회의 가장자리로 밀려나고 있다. 실업, 빈곤 그리고 사회 문제들이 증가하였는데, 일부 경우는 그 증가속도가 매우 급격했다. 자본주의는 자신의 가장 나쁜 면들을 많은 동유럽 나라들에서 명백히 보여주었다.

이러한 사건들에서 모든 정당의 정치가들은 배워야만 할 어떤 교훈들이 있다고 생각한다.

계획경제가 복지나 선택의 자유에 대한 시민들의 욕구를 충족시키지 못했기 때문에 붕괴했다는 주장은 일반적으로 많이 이야기되는 것이다. 이 주장은 맞다. 하지만 이 주장은 모든 경제 체제에 해당되는 말이다. 어떤 경제 체제도 일자리, 복지 그리고 행동의 자유에 대한 사람들의 요구를 충족시키지 못한다면, 그 체제가 실현하겠다고 주장하는 원칙들이 아무리 아름답다 하더라도 그 체제는 살아남을 수 없다. 체제에 대한 사람들의 생각을 결정하는 것은 체제가 실제로 작동하는 방식이지, 체제를 미화하는 화려한 말들이 아니다.

이것은 오늘날 (시장) 경제가 제대로 작동하기 위해서는 더 많은 집단들이 더 낮은 임금과 낮은 수준의 복지를 기꺼이 받아들여야 한다는 설명에 동의하는 시장경제의 옹호자들이 깊이 새겨들어야만 하는 것이다. 어떻게 그들은—대중들이 그로부터 결코 이득을 얻을 수 없는 경제 성장을 이룩하기 위해—대중들을 빈곤으로 내모는 그런 경제제도를 바로 그 대중들이 받아들여야만 한다고 믿고 있을까? 어떻게 그들은 대중들의 희망과 욕구를 존중하지 않는 체제에 대중들이 충성을 다해야 한다고 믿고 있을까? 상당수의 노동하는 사람들이 체제의 어떤 장점도 누리는 것을 기대하기 힘들게 될, 즉 체제의 붕괴로 이어지게 될 그런 경제제도를 옹호하기 위해서는 과연 어떤 종류의 주장이 가능할까?

정치적, 경제적 체제에 대한 지지를 만들어내는 것은 화려한 원칙이 아니다. 오히려 중요한 것은 이러한 원칙들이 사람들의 일상생활에 어떻게 적용되는가이다. 바로 이것이 계획경제의 붕괴가 남긴 중요한 교훈이다. 그리고 이것은 좌파 정당들뿐만 아니라, 우파 정당들 모두에게도 중요한 교훈이다.

스웨덴 공산주의

　　최초의 스웨덴 공산당은 1917년 사회민주당과 갈라 선 한 집단에 의해 시작되었다. 사회민주주의가 개혁적이고 민주주의적 경로를 선택한 반면, 탈당한 공산주의 정파는 사회를 개조시키는 데 있어 혁명적 경로로 나아가길 원하였다. 스웨덴 공산당은 오랜 세월을 거치면서 여러 번 분열을 겪었다. 1920년대 그리고 1970년대에도 그러했다. 분열의 배경에는 항상 도그마dogma의 문제라고 이야기 할 수 있는 사안, 즉 마르크스의 가르침을 어떻게 해석해야 올바른 것인가 하는 문제를 둘러싼 갈등이 있었다. 원래의 공산당, 즉 스웨덴 공산당SKP은 1967년에 '공산주의 좌파정당Left Party of Communists: VPK'으로 당명을 바꿨다가, 1995년에는 좌파당The Left Party이라는 이름으로 다시 당명을 바꿨다. 그리고 자신들을 공산주의자라고 부르는 몇몇 군소 정당들이 있다. 이들 중 일부는 '공산주의 좌파정당'으로부터 탈당한 그룹들인 반면, 나머지 정당들은 당내에 정통 공산주의가 결여된 데 반발하면서 별도로 당을 만든 경우다.

스웨덴 공산당은 대부분의 서유럽 공산당들과 마찬가지로 소련 공산당의 위성정당이었다. 서유럽의 공산당들 중에서 모스크바와의 관계에 있어서 독자적인 노선을 유지했던 정당은 이탈리아 공산당 그리고 어느 정도는 스페인 공산당뿐이었다. 소련 공산당이 다른 모든 정당들보다 우위에 있고 다른 나라의 정당들에게 지침을 내리는 위치에 있었던 것은 실제로 이른바 '민주적 집중제democratic centralism'*에 기인한 것이었다. 따라서 스웨덴 공산당의 강령은 전적으로 마르크스 - 레닌주의 이론에 근거하였으며, 소련 공산당과 똑같이 '소수의 선택된 자들을 당원으로 선발하는' 원칙을 채택하였다.

1960년대 초 당내의 일부 그룹에서는 더 독자적이고, 좌파 사회주의적인 입장을 채택하려는 노력들이 시작되었지만, 당 내부적으로 격렬한 갈등을 낳았고 당 노선의 재설정은 아주 부분적으로만 이루어졌다. 결국 민주주의로의 발전은 여전히 모호하게 지체되었던 것이다. 1960년대와 1970년대에는 좌파 급진주의의 물결이 일어났는데, 이 입장은 (마르크스주의 - 레닌주의 - 모택동주의라는 '어려운' 이름의 기치 아래) '혁명적' 성향을 띤 사상의 부활로 나아갔던 중국 공산주의의 낭만적 견해를 가지고 있었다. 이러한 사실은, 비록 가장 교조적인 집단들이 스웨덴 공산당VPK으로부터 탈당했음에도, 당 내부에서 당 노선의 재설

---

* 앞의 볼셰비키에 관한 역주 참조할 것.

정이 또 다른 어려움에 부딪쳤다는 것을 의미했다.

소련 제국이 몰락한 이후 낡은 이론들 역시 '좌파당'의 공식 강령에서 사라졌다. '좌파당'에서 마르크스 - 레닌주의 사상에 대한 진정한 검토는 없었으며, 당 노선의 재설정은 "기존의 것을 부드럽게 하는 것 그리고 예전의 것을 답습하는 것"에 오히려 더 가까웠다. 따라서 오늘날 '좌파당'의 이데올로기적 입장은 불분명하며, 기껏해야 매우 혼란스러운 정도라고 말할 수 있다. 이 당에는 제대로 정리된 좌파 사회주의이론이 없다. 대신에 생태주의, 페미니즘 같은 새로운 이념들을 강령에 추가하려는 시도들은 있었다. 하지만 이러한 이념들을 자신들의 고유한 기본 이념들 (그 이념들이 무엇이든지 간에) 속에 포용하여 잘 균형 잡힌 정치 강령으로 만들어 내지는 못하였다. 게다가 낡은 이론의 문제점을 해결할 능력이 없었다는 사실은 당내의 논쟁이 매우 우려할만한 수준이었다는 것을 의미했다.

낡은 이념들과의 차별성 드러내기

물론 '좌파당'이 과거에 매달리길 원하지 않는다는 것, 그리고 정치 그 자체의 본질은 과거지향적인 것 보다는 미래지향적인 것을 필요로 한다는 사실은 당연하다. 그러나 개인과 마찬가지로 정당도 과거의 실수로부터 배우는 것이 현명한 일이다. 과거 유산을 정리하는 것은 힘차게 앞으로 나아가기 위해 필요할 뿐만 아니라, 올바른 방향으로 나아가고 있다는 확신을 가지는 데도 필요한 것이다. 그리고 올바른 방향을 찾기 위해서 우리는 구체제에서 무엇이 잘못되었는가를 분명히 알아야만 한다!

마르크스 - 레닌주의는 사회주의의 이상들로부터 심각하게 빗나갔다. 그것은 운이 없었다거나 지도자들이 잘못했다거나 하는 문제가 아니었다. 그것은 이론 그 자체에서 나온 피할 수 없는 결과였다. 따라서 이 이론이 주장했던 결정론과 엘리트주의적 사고를 둘 다 청산하는 것은 우리가 반드시 이행해야 할 책무다. 하지만 이러한 청산작업은 일차적으로는 과거 범죄에 대한 공개적 참회의 성격을 가진다기보다는 자유, 평등 그리고 형제애라는 꿈과 바로 정반대에 있었던 정치 체제에서 그러한 꿈들이 남용된 일들이 다시는 반복되지 않도록 하는 성격의 작업이다.

공산주의의 역사는 다시 말해 꿈과 이상이 악용된 역사다. 많은 이상주의자들 중에는 공산주의 운동에 매료되었던 사람들, 사회주의라는 꿈을 가지고 운동에 참여했던 사람들, 그리고 공산주의 운동이 사회주의의 꿈을 실현하는 방법이라고 정말로 믿었던 사람들이 있었다. 그들의 잘못은 그들이 원래 품은 뜻에 있는 것이 아니다. 그들의 잘못은 형태와 기능이 동일한 것이라고, 또 수단과 목적은 같은 것이라고 생각한 데 있다. 이러한 생각은 마르크스 - 레닌주의 이론으로 하여금 사회주의를 일당의 지도하에 있는 국가 소유경제로 정의 내리게 하였다. 따라서 실천된 방법에 대해서 어떤 이의도 제기될 수가 없었다. 왜냐하면 실천된 방법 속에 이미 목표와 기본 가치들에 대한 답변도 이미 제시되었기 때문이다.

하지만 바로 그 방법들이 어떤 결과를 낳는지에 대한 검토에 실패했기 때문에, 그 방법들은 이상이 실현되지 못하는 데 기여하였다. 그러므로 우리는 이러한 실패를 야기한 이런 식의 생각을 반드시 청산해야만 한다.

오늘날 '좌파당'에게 없는 것은 바로 이러한 청산, 이러한 통찰력이다. 오히려 정반대로 오늘날 '좌파당' 내의 논쟁에서 우리가 발견하는 것은 "어떻게 과거의 위험한, 형식과 내용의 혼동이 다시 나타나기 시작하는가"라고 의심할 만한 사례들이다. 그런데 이러한 논쟁을 단지 이상적인 사회주의사회에 대한 꿈을 표현하는 것일 뿐이라고 말하면서 이를 옹호하는 것은 너무나 안일한 태도다. 적어도 지금은 세상에 대한 현실적 분석과 연결되지 않는 아름다운 꿈은 깜짝 놀랄만한 악몽으로 바뀔 수 있다는 교훈을 우리 모두 이미 알고 있어야 할 때이다.

1990년대에 '좌파당'은 좌파적 입장의 비판정당으로서의 새로운 모습을 보여주면서 자신의 이데올로기적 문제를 거의 해결하였다. '좌파당'은 균형 예산을 맞추는 데 필요한 공공지출의 삭감에 반대하였다. 하지만 실질적인 대안을 제시한 적은 한 번도 없었다. 정반대로 그들은 자신들의 강령에서 다루기에는 적합하지 않는 문제들로 무조건 눈을 돌리고 말았다. 단기적으로 뿐만 아니라 장기적으로도 문제에 대한 분석은 없었고, 그 대신 정치적 구호들이 그 자리를 차지했다.

이것은 아마도 그들이 과거에 가지고 있었던 역사적 결정론이라는 유산을 정리할 필요성을 철저히 느끼지 않았다는 사실에서 비롯된 결과일 것이다. 발전은 '모든 것이 말해지고 또 행해졌을 때' 결국 좌파의 방향으로 움직이도록 미리 예정되어 있다는 생각이 여전히 어렴풋이나마 남아있는 것이다. 그리고 발전이 그렇게 진행되지 않는 것처럼 보이면, 그들은 이것의 원인을 기본적인 경제적, 기술적 구조의 변화에서 찾지 않고, 오히려 의지력의 부재 또는 그릇된 종류의 정치(특히 사회민주주의)가 표출된데 있다고 설명한다.

이런 면에서 보면, 그들은 자신들의 전통에 충실한 사람들이다. 예전의 스웨덴 공산당SKP, 공산주의 좌파당VPK은 사회민주주의가 교리적 순수성을 결여하고 있다고 비난하곤 하였다. 그런데 이제 그들은 과거 사회민주주의자들이 가졌던 '불순한' 교리가 실제로는 자신들의 '교리적 순수성' 보다 더 옳았다는 것을 분명히 인식하게 되었다. 자신들의 주장을 통해서 그들은 사회민주주의자들 보다도 '더 올바른' 사회민주주의로 자신들의 이미지를 개선하려 애쓰고 있다.

그들의 선배들이 얼마나 사회민주주의를 '진정하고 적절한' 사회주의 교리로부터의 일탈이라고 비난했는가를 생각하면, 오늘날 위와 같은 그들의 노력은 시사하는 바가 크다. 오늘날 '좌파당'이 그렇게도 열심히 옹호하는 복지정책은 불과 2, 30년 전만 해도 공산주의 선동가들의 눈에는 정책의 실패였고, 사회주의의 진정한 이상을 배신하는 것이었으며, 노동자들로 하여금 자본주의를 받아들이도록 하기 위해 그들을 교묘히 속이는 방법일 뿐이었다.

'좌파당'이 이제 개혁주의 정치의 우월성을 깨닫게 된 것은 물론 잘한 일이다. 하지만 우리는 그들이 사회민주주의 전통의 다른 부분들에서도 찾을 수 있는 장점을 간파하기를 원한다. 그 다른 부분들이란 다시 말해 모든 개혁 정책들은, 지속가능하기 위해서는 경제적 현실에 기초해야 한다는 사실을 중시하는 것이다. 훌륭한 야망은, 제대로 실현되기 위해서는 우리의 세계 안에서 우리가 직면한 현실과는 매우 다른 종류의 현실을 필요로 하고, 따라서 그 자체로는 그리 큰 가치가 없는 것이다. 만약에 누군가가 그런 야망을 담은 구호를 무조건 실천에 옮기고자 한다면, 문제를 해결하는 대신에 실제로는 새로운 문제만을 추가하게 되는, 매우 현실적인 위험이 존재한다.

이런 면을 고려할 때, '좌파당'은 여전히 자신의 전통에 사로잡혀 있다. 즉 그들로 하여금 현실을 있는 그대로 보지 못하게 하고, 오히려 그들의 이론에 쓰인 대로 보게 만드는 전통 말이다. 바로 이런 이유로 인해 그들은 현실 세계의 문제가 대두하면 어떠한 해결책도 제시하지 못한다.

복지의 정치

    사회보장은 1930년대 이래 사회민주주의 정치의 핵심이었다. 고전적 사회민주주의식으로 표현한다면, 그것은 생산된 과일을 어떻게 분배할 것인가라는 문제라고 할 수 있다. 즉 조세라는 방법을 통해 돈이 국가와 지방자치단체로 들어가고, 이 돈이 직접적인 경제적 보조의 형태 또는 사회서비스의 형태로 각 가정에 재분배된다.

    이러한 정책을 실시하게 된 동기는 우리가 앞의 서문에서 사회민주주의의 핵심적 가치들을 다루며 이야기했던 것들이다. 자신의 고유한 생활경로를 선택할 수 있는 자유가 존재하려면 일정수준의 경제적 안정 그리고 의료, 교육 같은 필수적인 서비스에 대한 이용이 필요하다. 그리고 평등은 자유의 이러한 전제조건들이 모든 시민들에게 충족되어야만 가능하다. 그런데 이러한 평등 그리고 또한 자유를 보장하기 위해서는, 우리 모두가 시민으로서 이러한 전제조건들을 연대적 방식으로, 다시 말해 우리의 세금을 통해 이를 위한 재정을 마련하는 방식으로 보장하는 것이 반드시 필요하다.

사회민주주의는 자주 사회보장정책으로서의 복지정책을 이야기한다. 복지정책의 중요한 목적 중의 하나는 사람들이 여러 가지 이유— 질병, 실업, 노령—로 자신의 생활을 유지할 수 없을 때 생활보장을 하는 것이다. 하지만 복지정책은 자아발전을 위한 기회를 제공하는 문제이기도 하다. 즉 교육과 훈련의 기회, 크게 다친 사람들을 위한 재활기회, 가정생활과 직장생활을 동시에 가능하게 하는 보육기회 등은 육체적 장애 등을 가진 자까지 포함한, 독립적인 생활을 원하는 모든 사람들을 지원한다.

복지정책에서의 개혁 중의 상당수는 의회 내 비사회주의 정당들의 격렬한 반대에도 불구하고 관철되어온 것들이다. 오늘날 복지정책의 원칙은 광범위한 정치적 지지를 두루 얻고 있는데, 유독 '중도당Moderate Party'*만은 예외다. 이 정당은 중요한 부문에서 국가에 의한 복지정책

---

* 이 당은 스웨덴의 자유주의적 보수성향의 정당으로, 정확한 명칭은 '중도연합당'(스웨덴어로는 Moderata samlingspartiet), 보통 '중도당(Moderaterna)'으로 불린다. 1904년 창당되었고, 그 동안 두 개의 다른 당명, 즉 '우파 전국조직'(the National Organization of the Right, 스웨덴어로는 Högerns riksorganisation), (1938~1952)과 '우파당'(the Right Party, 스웨덴어로는 Högerpartiet), (1952~1969)을 가지기도 하였다. 지난 2006년 사민당이 패배한 총선에서 총투표의 26.23%를 획득, 다른 군소정당들과 연정을 이룬 '중도우파 연합정권' 탄생의 중심 정당이 되었다. 집권 이후 부유세 폐지, 의료, 교육의 일부 민영화를 추진하고 있다. 현재

대신에 개인적 차원의 문제해결을 주장한다. 하지만 복지정치에 대한 전반적인 지지가 있다 해서 복지 사회에 대한 논의가 더 이상 불필요하다고 말할 수는 없다. 우리는 1990년대부터 정부 재정에 부담을 가지고 있는데, 이러한 부담은 어떤 정책을 우선시할 것인가 하는 문제에 있어서 우리의 선택을 어렵게 만들고 있다. 그리고 우리는 노인 부양은 물론 교육 부문에서도 점점 더 많은 자원의 사용을 필요로 하고 있기 때문에 이러한 재정 문제는 향후 몇 십 년간은 지속될 것이라는 사실을 고려해야만 한다. 또한 당연한 이야기지만, 사회보장시스템과 공공서비스시스템이 어떻게 작동하는가 그리고 외부적 조건의 변화에 따라 이것들은 어떻게 발전하고 또 변해야만 하는가를 둘러싸고 논쟁이 계속되고 있다. 1950년대에 좋은 해결책으로 간주되었던 것이 1990년대에도 여전히 좋은 해결책은 아니다. 이런 의미에서 복지시스템은 결코 '완벽'할 수 없다. 따라서 우리는 어느 특정 시대에 추진했던 개혁을 마치 미래의 모든 시대에도 타당하고 또 바꾸어서는 안 되는 것으로 생각하지 않도록 조심해야만 한다.

보편적 복지정책

사회민주주의적 복지정책에서 하나의 중요한 원칙은 복지정책은 전반적으로 보편적이어야 한다는 것이다. 즉 '자산조사means-test'를 해서 가장 어려운 사람들만을 대상으로 급여를 제공하는 것이 아니라, 모든

당수는 프레드릭 라인펠트(Fredrik Reinfeldt)인데, 그는 현 수상이기도 하다(Wikipedia 참조)―역주.

국민들에게 평등하게 혜택을 제공하는 것이다. 아동수당은 아이가 있는 모든 가정에 지급된다. 노령연금은 65세 이상의 모든 노인들에게 해당되고, 교육비는 모든 아이들에게 무료이다.

일부 경우에 급여는 자산조사를 거쳐서 지급된다. 보편주의의 원칙은 시민들의 욕구가 동일한 경우에 적용되는 것이라고 말할 수 있다. 즉 모든 아이들이 교육을 받을 수 있는 권리, 아플 때 병원 치료를 받을 수 있는 권리, 모든 노인들이 연금을 받을 수 있는 권리를 의미한다. 하지만 자산조사를 통한 급여는 더 개별적인 욕구들을 충족시키기 위해 도입되었다. 예를 들어 충분한 소득이 없는 가정에 주택보조비를 지급하는 것, 자주 병을 앓는 사람들에게 약값과 의료비를 특별히 보조하는 것 등이다.

보편적 복지정책의 근본이념은 간단하다. 복지개혁을 통해 모든 사람이 혜택을 본다면, 모든 사람은 자신들을 위한 재정 확보에 동참하는 것에 관심을 가지게 된다는 것이다. 그리고 모든 사람들이 기꺼이 돈을 지불한다면, 우리는 훌륭한 사회보험체계와 사회서비스를 유지할 수 있는 자원을 가질 수 있게 된다. 이것은 경제적으로 더 약자인 사람들에게 많은 혜택이 돌아가는 것이다.

그런데—특히 자원이 한정되어 있을 경우—저소득자와 실업자에게만 급여를 지급하는 것이 더 낫다는 견해가 종종 사회민주당 내에서도 제기되었다. 이런 방법으로 하면 어려운 사람들을 집중적으로 지원할 수 있고 그들이 원하는 것들을 실제로 보장해 줄 수 있다는 것이다.

그런데 이러한 주장은 소득이 많고 어떠한 사회적 혜택도 받지 못할 것 같은 사람들이, 가장 어려운 사람들을 대대적으로 지원하기 위해 기꺼이 세금을 낼 수 있을 것이라고 가정하고 있다. 하지만 많은 경험들은 일이 이런 식으로 돌아가지 않는다는 것을 말해주고 있다. 오히려 많은 연구들은 보편적 복지시스템이 자산조사를 중시하는 복지시스템보다 실제로 더 많은 혜택을 사회적으로 어려운 집단들에게 제공하고 있다는 것을 보여주고 있다.

만약에 가장 어려운 사람들만이 아동수당, 무상의료 또는 무상교육의 혜택을 받는다면, 나머지 사회집단들은 그러한 혜택이 가능한 한 값싸게 지급되는 데 관심을 가질 것이다. 그들은 온갖 이유를 들면서 급여의 비용을 줄이려 할 것이다. 왜냐하면 이 급여는 자신들은 받지 못하는 것이고, 또 여기서 제공되는 서비스의 질이 나쁘다고 해도 자기들에게 직접적인 영향이 미치지는 않기 때문이다. 하지만 반대로 우리 모두가 조세 기반적인 복지급여를 받을 수 있다면, 우리 모두는 의료, 교육 같은 것들이 잘 제공되는지, 질병보험과 연금 시스템이 적절한 경제적 보호를 해주는지에 대해 관심을 가지게 될 것이다. 탄탄한 연금 시스템을 가지고 있는 스웨덴이 연금생활자 중에서 빈곤한 자의 비율이 가장 낮다는 것은 결코 우연이 아니다.

보편주의는 모든 사회적 혜택이 전적으로 조세재정으로만 충당되어야 한다는 것을 결코 의미하지 않는다. 나중에 논의하겠지만, 적어도 어떤 종류의 급여들에 있어서는 부과금 또는 이와 비슷한 비용부담을 통해 재정을 충당해야 할 이유들이 있다. 하지만 조세에 의해 충당되는 부분이 반드시 비용의 대부분을 차지하도록 해서 각 납세자들이 자신이 낸 세금으로부터 무언가를 되돌려 받는다는 느낌을 가질 수 있도록 해야

할 것이다. 그러면 그들은 기꺼이 계속해서 세금을 낼 것이다!

보편주의적 시스템은 사회 내의 분열을 막는다. 그리고 이것은 이 시스템이 지향하는 본래적 가치이다. 사회보장 시스템이 사람들을 복지급여를 받는 자와 급여재정을 부담하는 자로 분열되지 않도록 하는 것은 사회민주주의에서 중요하다. 사회적 급여는 고소득자가 저소득자에게 주는 일종의 자선행위가 아니다. 그것은 오히려 우리 시민들이 서로를 돌보는 것을 의미하며, 우리 모두가 저마다의 능력에 따라 기여하고, 저마다의 욕구에 따라 급여를 받는 것을 의미한다.

복지정책의 다양한 부분들

복지정책에는 두 개의 중요한 영역이 있다. 그것은 공공 서비스(예를 들어 의료서비스와 기타 돌봄 서비스)와 경제적 수당/지급액, 즉 이른바 이전지출transfers이다. 이전지출은 다시 두 개의 유형으로 나누어진다. 그 중 하나는 동일한 금액으로 모두에게 똑같이 지급되는 경제적 수당(예를 들어 아동수당, 노령기초연금)이고 또 다른 하나는 사회보험인데, 여기서는 임금의 일정 비율을 기초로 하여 지급이 이루어진다.

이전지출과 공공서비스는 둘 다 상당부분 조세를 통해 재정충당이 이루어지고, 공공기관에 의해 행정적으로 관리되고 또 시행된다.

재정을 충당하는 방식 그리고 시행되는 방식 양자에 대해서는 1980년대, 1990년대에 많은 논의와 비판이 있었다. 하지만 다양한 뿌리와 다양한 목적을 가진 다양한 형태의 비판들이 있다는 사실을 아는 것이 중요하다.

·첫 번째 비판은 '중도당'/ 신자유주의 진영에서 나오는 것인데, 그 목적은 모든 공공 복지구조를 해체하고 그것을 민영화로 대체하는 것이다.

·또 다른 비판은 복지 시스템 내부의 문제에 더 초점을 맞춘다. 이 비판의 목적은 이 문제를 해결할 수 있는 개혁을 추진하는 데 있다. 그리고 복지정치의 토대를 흔들려는 의도는 전혀 없다.

·마지막으로 세 번째 논의는 정부 수입과 지출 간의 보다 나은 균형의 필요성에 초점을 두고 있다. 이러한 재정균형을 위해서는 결국 복지정치를 실행하는 데 있어 경제적 개혁들이 불가피하다. 즉 경제적 형편에 따라서는 후퇴할 수도 있는 개혁들이다.

그런데 정부 재정 균형의 필요성은 복지정치의 주요 부문을 없애려는 많은 사람들에게 악용되었다. 그들은 또 다른 경우에는 '경제적 불가피성'이라는 것을 무조건 내세우면서, 그런대로 잘 돌아갈 수 있는 것들조차도 당연히 변화해야 한다는 식으로 주장하는 데 가세하기도 하였다. 그래서 우리는 특히 장기적 관점에서 복지정치를 어떻게 바라보아야 하는가 라는 문제에 있어서 이런 식의 전혀 엉뚱한 논의가 많이 있다는 사실을 주의하는 것이 중요하다.

위의 첫 번째 쟁점에 관한 논의는 이데올로기적, 원칙적 문제에 관한 논의이고, 바로 이점에서 사회민주주의자들은 당연히 복지정치에 대한 원칙적 옹호를 주장한다. 세 번째 쟁점에 관한 논의는 거의 전적으로 실용주의적/경제적 사고에 중심을 두는 것인데, 이 문제에 있어서 사회민주주의자들은 국가 경제가 감당할 수 있는 정도를 고려해야만 하는 책임을 피할 수 없다.

따라서 사회보험시스템에서 급여 수준을 종전소득의 75%로 인하한 것에 관한 많은 논의는 전적으로 경제적 동기에서 나온 것이며 또 중요한 암시를 내포하고 있다.* 비록 복지정치가 출발 당시에는 사회민주주의의 중요가치였지만, 사회개혁의 수준을 유지하기 위해서는 이데올로기적 확신과 선의의 의지만으로는 충분하지 못하다. 즉 우리는 사회개혁을 재정적으로 뒷받침할 수 있는 돈도 가지고 있어야만 한다! 만약에 경제가 하락하면, 복지급여의 기존 수준을 유지하는 것은 불가능하다. 아주 간단히 말해서 있지도 않은 돈을 나누어줄 수는 없는 것이다.

두 번째 쟁점에 대한 논의는 원칙적으로 사회민주주의에게 있어 가장 관심이 가는 것이다. 즉 어떻게 복지시스템을 발전시키고 또 개혁할 것인가 라는 문제다. 경제와 노동시장에서의 변화와 더불어 복지시스템에 대한 요구도 변화한다. 만약에 평균 임금 수준이 올라가면, 연금 저축에 개인의 부담금을 좀 더 요구할 수 있는 여지가 생긴다. 하지만 동시에 재교육에 대한 수요가 급증하는 등 노동시장에서의 변화가 일어나면, 사회가 이러한 교육비용을 어떻게 해결할 것인가에 대한 새로운

* 1990년대 중반 스웨덴 사회민주당 정부는 실업의 증가, 재정적자 등으로 복지비지출을 약간 삭감하는 정책을 추진한다. 이때 예를 들어 질병보험에서 기존임금의 90%를 지급하던 것을 80~75%로 낮추었고, 실업보험의 수당도 기존임금의 90%에서 80%로 인하하였다—역주.

요구도 생겨난다.

복지시스템은 사회와 개인 양자의 욕구 그리고 전제조건과 지속적으로 연관되어야만 한다. 오늘날 우리는 이러한 욕구와 전제조건이 얼마나 변화를 겪고 있는지를 알고 있다.

· 노인인구가 증가하면서 연금과 노인복지서비스에 대한 욕구가 증가하고 있다. 훈련과 교육에 대한 욕구도 증가하고 있다. 하지만 이와 동시에 전체적인 조세부담은 그만큼 증가할 수 없다.

· 노동시장은 더 많은 자유로운 이동성에 대한 요구와 더불어 더욱 유연해지고 있다. 이러한 사실은 동시에 점점 더 큰 경제적 기복을 겪고 있는 개인들에게 적합한 복지시스템에 대한 요구가 증가하면서, 이와 더불어 복지시스템의 유연성을 필요로 하고 있다.

· 시민들은 일상생활에서 그들이 이용하는 사회서비스의 운영에 대해 더 많은 발언권을 요구하고 있다.

이 모든 것은 기존 복지정책의 구조와 복지정책에 앞으로 포함되어야만 할 것들 간의 신중한 균형이 필요하다는 것을 말해준다. 이것은 기본적 보장욕구와 기본적 생활기회를 보호하는 문제이며, 무엇보다 사람들이 직접 비용을 지불하기 어려운 사회서비스들을 옹호하는 문제다. 사회민주주의적 정책은 공공서비스—병원치료, 서비스, 교육—를 정책의 가장 우선순위에 두고 있다. 한편 우리는 동시에 사회보험시스템 안에서 공적 저축과 개인적 저축의 새로운 결합 형태를 추구할 준비가 되어있다.

하지만 공공서비스의 문제에 있어서도 사회발전에 따른 새로운 형태의 서비스가 필요하다. 그것은 더 많은 일상의 권력, 더 많은 신축성에 대한 요구의 문제다. 이와 동시에 모든 사람들을 위한 공공서비스에 대한 손쉬운 접근과 양질의 서비스 제공이라는 기본적 요구를 우리는 여전히 수호해야만 한다.

"복지급여에 대한 의존성" 문제

보편적 복지정치에 반대하는 비사회주의 정당들이 제기하는 중요한 비판 중의 하나는 이것이 '복지급여에 대한 의존성'을 낳는다는 것이다. 즉 공동체가 항상 사람들의 경제적 안정을 보장하기 때문에 그들은 자신의 복지에 대해 전혀 책임을 지지 않는 상황을 당연시 하면서 산다는 것이다.

이러한 비판은 복지정책 그 자체만큼이나 오래된 것이다. 1800년대 말 산업재해에 대한 보상을 해주자는 제안이 나왔을 때도 바로 이런 식의 반대 주장이 있었다. 개인과 사회 간에 책임을 어떻게 분담할 것인가 하는 논의의 필요성까지 부정하려는 의도는 없다고 치더라도, 우리는 이 '복지급여에 대한 의존성' 비판에는 매우 분명한 이해가 깔려있다고 말할 수 있다. 이 비판은 돈을 잘 버는 집단, 경제적으로 매우 안정된 집단에서 가장 공감하는 비판이다. 그리고 이것은 기본적으로 산업재해 등으로 고통 받는 저소득집단에게 제공되는 '급여'에 비판의 화살을 맞추고 있다. 그런데 이러한 비판을 하는 바로 그 사람들은 다른 종류의 급여, 예를 들어 사립학교에 대한 공동체의 지원, 사기업이 운영하는 가사 서비스에 대한 세금감면을 요구하기도 한다. 물론 이러한 것들은 잘사는 사람들에게만 혜택이 돌아가는 것들이다.

스웨덴에는 생활을 유지하기 위해서 공동체의 경제적 지원에 의존해야만 하는 사람들이 있다. 그런데 이 사람들은 실업자이거나, 제대로 생활을 영위하기 어려울 정도의 낮은 임금을 받는 사람들이다. 따라서 '복지급여에 대한 의존'의 원인은 일자리의 부족, 낮은 임금인 것이다. 만약에 이러한 '의존성'을 차단하고자 한다면, 일자리를 증가시키되 동시에 사람들이 제대로 먹고 살 수 있을 정도의 임금이 보장되어야만 할 것이다.

이렇게 볼 때, '복지급여에 대한 의존성'을 가장 소리 높여 비판하는 사람들 중의 다수가 동시에 임금격차의 확대와 더 많은 저임금 직종의 확대를 주장하는 견해를 지지한다는 것은 좀 이상하다고 생각할 수 있다. 왜냐하면 저임금 직종의 확대는 당연히 그 어느 것보다도 복지급여에 대한 의존성을 강화하기 때문이다.

모든 시스템은 남용될 수 있고 또 그릇된 집행, 실수 또는 완전하고 분명한 사기 등에 관한 사례들은 언제나 있기 마련이다. 하지만 그러한 사례들이 존재한다는 사실만으로 마치 그것이 일반적인 현상인 양 취급해서는 안 된다. 질병보험과 실업보험의 운영에 관한 모든 연구들은 보험금을 타기 위해 사기를 치는 사례들이 매우 적다는 것을 분명히 보여주고 있다.

물론 사기가 매우 적게 일어난다 하더라도 우리는 모든 형태의 사기에 대해 단호하게 대처해야만 한다. 그리고 복지 시스템이 이중의 도덕적 요구를 할 수 있도록 유지시키는 것이 중요하다. 하나의 요구는 납세자들에 대한 요구로서, 질병이나 실업으로 인해 어려움에 처한 사람들을 연대적으로 지원하는 데 기여하라는 요구이다. 또 다른 하나의 요구는 이러한 지원을 필요로 하는 사람들에 대한 요구로서, 급여를 받을 자격이 없는데도 급여를 신청하여 급여를 받는—그리하여 자신의 친구들, 이웃들, 직장 동료들 그리고 친척들까지 속이게 되는—짓을 절대 해서는 안 된다는 요구이다.

　　그런데 사회민주주의가 복지시스템의 효과에 대해 부정적으로만 설명하는 논의를 허용할 이유는 전혀 없다. 우리는 복지시스템을 비판하는 사람들의 목소리를 들어야할 뿐만 아니라, 여러 형태의 지원을 요구하는 사람들, 그리고 자신들의 요구를 제대로 주장할 수조차 없어서, 많이 주목받지 못하는 사람들의 목소리도 똑같이 들어야 한다.

　　우리는—복지 사무소를 방문하지 않고도 종종—사회복지급여를 받는 것이 너무나 쉽게 되어 있다고 말하는 사람들의 비판을 듣는다. 하지만 우리는, 자신을 스스로 돌볼 수 없을 때 도움을 요청하는 것이 너무나 어렵고 또 고통스럽게 느껴진다고 고백하는 사람들의 목소리를 더 많이 듣는다. 우리는 알선한 일자리를 그 일자리가 따분하게 보인다는 이유로 거절하는 실업자들에 대해 말하는 사람들의 이야기를 듣는다. 하지만 우리는 자신이 할 수 있는 일을 찾지 못해 이런 저런 일자리를 계속 찾는 사람들의 절망적인 감정의 목소리를 더욱 많이 들어야만 한다.

모든 조사보고서들은 실직을 당하거나 자신의 경제적 생활을 더 이상 스스로 꾸려나갈 수 없는 사람들, 더 이상 사회적 네트워크의 일부가 되지 못하는 사람들은 자신감을 잃거나 주도적 생활을 할 능력을 상실할 위험이 크다는 것을 너무나 분명하게 보여준다. 만약에 일부 사람들이 말하듯이, 복지정책으로 인해 사람들이 복지급여에만 의존하면서도 만족하면서 살게 되었다는 것이 정말 사실이라면, 이러한 보고서가 나올 수 있었을까? 물론 나올 수 없었을 것이다. 만약에 그것이 사실이라면 실업은 개인에게 있어서 전혀 고민거리가 안 될 것이다!

어느 것이 사실일까? 사람들은 자신들의 경제생활을 스스로 꾸리고, 노동시장에서 자신 나름대로의 역할을 다하길 원한다. 따라서 이러한 기회를 가지지 못했을 때 스스로를 비참하게 느낀다. 이것은 그들의 기본생활이 복지급여라는 수단을 통해 보장되는 경우에도 마찬가지다.

한편 장기 실업은 사람들이 결코 다시 직장으로 돌아갈 수 없으며 따라서 사람들이 '급여수혜자'로서의 삶에 적응하게 되었다는 것을 종종 의미한다는 사실이 있다. 하지만 장기실업의 근본 원인은 그들에게 제공된 급여가 너무나 관대해서가 아니다. 근본 원인은 일자리를 얻을 수 없었기 때문이다. 따라서 문제의 본질은 일자리의 부족이지, 실업자를 위한 급여제도가 아니다.

1980년대 말에 실업률이 약 1% 정도였을 때는 일할 능력이 있는 사람들이 일자리를 구하려는 생각은 안하고 대신에 복지급여로 먹고 살려고 한다는 식의 말을 들어본 적이 없다.

그런데 조세에 기반한 복지시스템은 급여가 '공짜'로 인식되어 남용될 위험을 가지고 있다. 이것은 비용이 필요 이상으로 많이 늘어나게 되고, 복지시스템의 다른 부문에서 더 유용하게 쓰일 수 있는 자원들이 불필요하게 한 부문의 지출에 낭비된다는 것을 의미한다. 이런 이유 때문에 몇몇 형태의 개인적 부담(예를 들어 질병 급여 시스템에서의 비급여일 또는 진찰비의 일부 비용-부담)은 복지급여에 돈이 들어간다는 사실을 사람들이 잊지 않도록 하기 위해 최소한 필요하다는 주장이 제기될 수 있다. 공공재정과 개인적 부담을 혼합한 복지형태는 복지정치의 역사에서 언제나 있어왔다. 사람들은 언제나 일정비용을 보육에 그리고 진찰 시에 분담했으며, 실업보험 기금에도 일정비용을 분담해 왔다. 그리고 질병 급여가 소득의 상실분을 전부 보상해주었던 경우는 과거 아주 짧은 기간 동안이었다.

따라서 사회민주주의는 복지시스템의 유지를 위해 공공의 책임과 개인의 책임을 혼합해야 한다는 입장을 거부할 이유가 없다. 하지만 이러한 책임이 어떻게 분담되어야 하는가는 꼼꼼히 살펴볼 필요가 있다고 이미 주장한 바 있다. 우리는 일부 사람들을 사회적 안전망 없이 방치하거나 또는 사회에 의해 제공되는 급여의 질을 매우 낮게 떨어트리는 해결책은 절대 받아들일 수 없다.

복지정책의 기본 틀 내에서 개인과 사회 간의 책임과 권리의 균형은 필요하다. 개인의 복지를 위해 모든 면에서 사회가 책임을 져야 한다는 생각은 사회민주주의의 이념사에서 결코 존재한 적이 없다. 복지정책이 존재하는 이유는 바로 시민들이 자신들의 건강을 돌볼 수 없거나, 자식들의 교육을 제대로 시키지 못하거나, 실직시에 안전망이 없거나,

노년기에 자신의 생활을 걱정하는 그러한 무력한 상태에 빠지지 않도록 하기 위한 것이다. 복지정책은 각자가 나름대로의 커다란 개인적 책임을 가능한 지킬 수 있도록 서로 도움을 제공하는 것이다. 이는 이러한 상호 책임 중에서 각자에게 주어진 책임으로부터 도피하는 것이 전혀 아니다.

그런데 "사람들은 각자의 책임을 다하는 법을 배워야 한다"는 '중도 당Moderate Party'의 주장에는 일종의 불쾌한 저의가 들어있다. 이 말은 결국 우리가 상호 간의 책임에서 벗어나야 한다는 것이다.

또 이와 똑같이 사회 문제를 개인의 문제로만 간주하려는 위험스러운 경향도 있다. 산업재해를 당한 경우 연금으로 지급되는 비용에 관한 논의는, 작업환경을 어떻게 개선시킬 것인가 하는 문제에 관한 논의로 나아가는 것이 아니라, 엉뚱하게도 재해를 당한 자의 재취업 의지의 문제에 관한 논의로 탈바꿈 한다. 또 변두리의 거대한 밀집 거주지역에서의 청소년 문제는 부모들이 그들의 행동을 통제할 능력이 있는가 하는 문제로 바뀌어 다루어지면서도, 동시에 이 지역에 대한 차별 그리고 이 지역의 높은 실업률 문제는 거론조차 되지 않는다.

이것은 모든 사회 문제를 개인의 의지의 문제로 바꿔버리면서 사회 문제와의 진지한 대결을 회피하는 것이다. 우리는 작업환경, 격리된 주거지역, 실업에 대해 걱정할 필요가 없다는 것이다. 즉 각 개인들에게 책임을 요구하는 것으로 충분하다는 것이다! 이런 식으로 그들은 복지정책에 대한 자신들의 공격을 정당화한다. 사람들을 도와주는 것은 쓸데없는 짓이라는 것이다. 도와줘봤자 우리는 그들을 더욱 게으르고 수동적으로 만들뿐이며, 따라서 문제를 더욱 악화시킬 뿐이라는 것이다 (이것은 비사회주의 정당들의 아주 전형적인 논쟁방식이다. 그들은 "사회를 변화시키려는 것은 무모한 일이다. 왜냐하면 변화시켜 봤자 어떤 효과도 얻지 못할 것이고 또 변화는 상황을 악화시킬 뿐이기 때문이다"라고 주장한다. 하지만 어떻게 동일한 것 ―여기서는 '변화'―이 한편으로는 악화시킬 정도로 위험하면서 동시에 다른 한편으로는 아무런 영향도 없을 수 있는지는 정말 불가사의한 일이다).

집단에 대한 개인의 책임을 잊어버리는 것은 분명한 잘못이다. 하지만 우리들 공통의, 사회적 책임을 부정하는 것도 마찬가지로 분명 잘못이다. 개인이 혼자서 자신의 생활조건을 결정하지 않는다는 것은 사실이다. 생활조건은 개인들이 살고 있는 사회에 의해 결정된다.

따라서 사람들이 집단적으로 해결해야만 하는 많은 문제들이 존재한다. 이런 이유 때문에 우리는 실업, 질병, 장애로 고통 받는 사람들을 우리가 함께 만든 사회적 제도들을 통해 지원해야만 하는 것이다. 이것은 사람들을 수동적으로 도움을 받는 수혜자로 만드는 문제가 아니라, 사람들이 직면한 문제들을 극복하는데 사용할 수 있는 자원들을 제공하는 문제다.

조세 기반적 복지

조세 기반적 복지―보다 정확히 말해서, 대규모의 복지정책은 상대적으로 높은 수준의 세금을 필요로 한다는 사실―는 항상 비판의 대상, 특히 '중도주의자들'(중도당)의 비판의 대상이 되어왔다. 이러한 비판들 중의 하나는 모든 사람들이 함께 겪는 '너무나 높은' 세금부담은 경제성장의 발목을 잡는다는 것이다. 또 하나의 비판은 이른바 '그 돈이 그 돈money-go-round'이라는 것이다. 즉 사람들이 사회적 급여를 통해 받는 것은 사람들이 미리 낸 세금에 의해 조성된 것이기 때문에, 왜 사람들로 하여금 직접 각자의 사회 보험에 보험료를 내게 하지 않느냐는 것이다.

매우 높은 세금에 대한 불만은 오랜 세월동안 크게 변한 것이 별로 없다. 조세부담률이 높고 낮건 간에, 경제가 호황이든 불황이든 간에, 우익정당들/중도당에 따르면, 세금은 항상 너무 높았다. 이를 보면 높은 세금에 대한 불만은 경제적 현실 보다는 '중도당'의 이데올로기에 더 기반하고 있다고 여겨진다.

경제학적 연구들은 경제성장과 조세부담률 간에 연관성이 없다고 말하고 있다. 즉 높은 세금에서도 고도의 경제성장이 가능하다. 경제성장에 중요한 것은 정말로 조세부담률이 아니라, 과세가 이루어지는 실제방식이다.

하나 더 추가하자면, 세금이 사용되는 방식이다. 만약에 우리가 세금지원을 통해 선진적인, 양질의 학교교육 시스템을 유지할 수 있다면, 이것은 당연히 경제성장에 도움을 주게 된다. 다른 한편으로 낮은 수준의 세금은, 만약에 이것이 형편없는 교육 시스템 또는 빈약한 운송, 텔레커뮤니케이션 시스템을 의미한다면, 경제에 별로 도움이 안 된다.

사실 조세부담률에 대해 경직되게 생각하면서 논쟁에 빠져들 특별한 이유가 없다. '합리적인' 세율은 어느 정도인가의 문제는 세율의 높낮이 문제일 뿐만 아니라 우리가 세금을 통해 무엇을 얻을 수 있는가의 문제(그리고 세금이 아닌 다른 방식을 통한다면 이를 위해 얼마나 비용을 지불해야 하는가 하는 문제)이기도 하다.

세금이 낮다고 해서 병원 치료나 교육 그리고 연금에 들어가는 비용이 사라지는 것은 아니다. 그 비용은 단지 어떤 다른 방식으로든 충당되어야만 한다. '중도당'이 주도하는 세금 인하 선전에는 사회서비스를 유지하기 위해서—이 비용을 충당하려면 각 가정의 가계부에서 더 많이 지출될 수밖에 없기 때문에—소득별로 차이가 나는 집단들이 각자 얼마나 더 내야 하는가에 대한 언급이 없다. 나아가 그들은 그러한 변화(예를 들어 일부 집단들이 단지 경제적인 이유만으로 낮은 수준의 교육과 의료를 감수해야만 하는 경우)가—개인은 물론 사회에도—과연 어떤 결과를 가져올지에 대해 전혀 고민하지 않는다.

하지만 동시에 사회민주주의자들은 우리의 목적이 선하기 때문에 계속해서 세율을 쉽게 올려도 된다고 안일하게 생각해서는 절대 안 된다. 세율이 하늘만큼 올라갈 수는 없다는 것은 너무나 자명한 이치다. 나라의 총수입에 의해 충당되어야만 하는 것은 사회복지만이 아니다! 그리고 가령 경제 성장과 높은 세율을 동시에 유지하는 것이 가능하다 하더라도, 세율이 높으면 높을수록 '부적절한' 조세구조를 피하기가 더욱 어려워진다.

조세시스템에 대한 상이한 요구들이 서로 갈등에 빠질 수 있는 시기들이 있다. 1990년대 초까지 스웨덴은 소득에 따라 세율이 올라가는 소득세제도를 가지고 있었다. 세율은 모든 소득 단계에 걸쳐 동일한 비율로 인상되며—누진적으로—적용되었다. 그런데 이러한 누진제도는 임금인상을 자극하는 데 영향을 주었고 따라서 인플레율도 높이는 결과를 낳았다. 그 이유는 누진세율(즉 세율구조가 누진적인 상태에서의 '한계세율')이 통상적인 소득 간격에도 강하게 적용되어서, 결국 세금으로 지출된 부분을 손에 쥘 수 있는 실질소득으로 보전하기 위해서는 상당한 임금인상이 필요로 했기 때문이다.

인플레는 재분배 정치라는 시각에서 보면 항상 부정적이다. 금융투기에 비해 생산투자를 상대적으로 더 비싸게 만들기 때문에 인플레는 투자를 저해하고 따라서 경제성장에도 방해가 된다. 그것은 복지정치의 토대를 잠식한다.

바로 이런 이유 때문에 조세시스템은 재정비되지 않으면 안 되었다. 이러한 추진된 변화를 간단히 요약하자면 바로 오늘날 우리가 가지고 있는 누진세 제도다. 이 제도에서는 과거처럼 소득이 많든, 적든 간에 모든 임금소득자에게 누진세율을 적용했던 것과는 달리 고소득자들에게만 누진세율을 적용하고 있다.

위의 사례가 보여주듯이, 조세시스템은 두 가지 매우 중요한 기능을 가지고 있다. 그것은 사회복지를 재정적으로 떠받치고 국민경제의 안정적 발전에 기여하는 것이다. 사회민주주의에게 재분배에서의 조세의 역할을 강조하는 것, 복지의 평등한 분배가 경제적 측면에서도 효율적이라는 점을 강조하는 것은 중요하다. 그러나 우리는 다른 한편 다른 기능들, 즉 일반적인 경제적 통제의 수단들을 사용하는 것도 충분히 실용적이라는 것을 명심해야만 한다. 이러한 점을 강조한다고 해서 우리가 '우익의 정치'를 추구한다고 생각하면 안 된다. 이것은 복지정치와 재분배의 정치를 위한 안정된 토대를 만들기 위해 필요했던 현실주의의 표현이다.

'그 돈이 그 돈이다'라는 주장

일부 비판자들에 의하면 세금의 일정 부분은 '그 돈이 그 돈'('돌고 도는 돈')일뿐이다. 즉 먼저 세금으로 돈을 지불했던 사람들에게 그 돈이 다시 되돌아온다는 것이다. 이것은 사실이다. 이것은 복지시스템이 다음과 같이 구성된 결과다. 즉 누구나 지불하고, 누구나 급여를 받는다. 그 결과 우리는 우리를 위한 어떤 것을 위해 지불하는 셈이다.

하지만 우리가 무언가를 위해 세금을 내는 것은 우리 개개인이 받는 복지혜택 이상의 의미가 있다. 우리가 세금을 내면서 얻으려고 하는 것은, 즉 보편적, 조세 기반적 복지정책에서 나오는 어떤 바람직한 사회적 질서이다. 우리는 우리 자신을 위한 병원 치료를 위해서 세금을 낼 뿐만 아니라, 우리 모두가 함께 우리들의 건강을 돌볼 수 있다는 사실에 깃들어 있는 사회보장 —그리고 경제적 효율성—을 위해서도 세금을 낸다. 우리는 자기 자식의 교육을 위해서 세금을 낼 뿐만 아니라 모두에게 교육 기회를 제공하는 학교교육 시스템을 위해서도 세금을 낸다.

의료, 사회서비스 그리고 교육 같은 것들은 사회민주주의에게 있어서 집단적 유용성을 가지는 것들이다. 우리 모두는—설령 개인에 따라서는 이것을 이용할 필요가 없다고 하더라도—이것들이 잘 운영되도록 하는 데 공동의 관심을 가지고 있다. 우리가 이를 위해 세금을 내는데 관심을 공유하는 것은—물론 어느 정도는 우리 자신을 위한 지출을 의미한다 하더라도—바로 이런 이유 때문이다. 그런데 같은 돈으로 우리가 사회적 이득과 개인적 이득을 동시에 얻을 수 있다는 사실은 큰 장점이 아닐 수 없다.

조세 기반적 사회서비스 시스템이 가지는 효과는 개인이 좋은 의료, 좋은 교육을 얻기 위해 개인적 차원에서 막대한 노력을 들여야 하는 시스템에서의 효과와 완전히 차이가 난다. 어떤 나라들에서는 자식들이 좋은 학교에 다닐 수 있도록 하기 위해서 부모들이 고등학교 등록금을 내야만 하고, 반면에 낼 돈이 없는 사람들은 교육의 질에 대해 전혀 어떤 요구도 할 수 없다. 그 결과 이런 나라들에서는 너무나 많은 사람들이 양질의 기본 교육조차 제대로 받지 못하고 있다.

개인적 차원에서 볼 때, 이것은 많은 사람들이 의미 있는 개인적 발전을 향유할 기회를 결코 얻지 못하고, 또 노동시장 진입시 선택의 자유조차도 가지지 못한다는 것을 의미한다. 이러한 상황은 다시 약물남용이나 범죄 같은 사회 문제로 나타날 수 있다. 사회적 차원에서 볼 때, 이것은—약물남용과 범죄로 인한 비용손실은 그만두더라도—한 나라의 경제력이 단지 노동력의 일부가 제대로 교육을 받지 못했다는 이유로 손상을 입을 수 있다는 것을 의미한다.

복지시스템은 물론 전 국민의 상당수에게 평균적으로 꽤 괜찮은 서비스를 제공하는 민영화(사기업화)적 해결을 중심으로 만들 수도 있다. 하지만 이 경우 주로 조세에 기반 한 복지시스템보다는 비용과 편익 간의 배분이 더욱 왜곡될 것이고, 이것은 사회적으로 가장 약한 집단에게 무료로 서비스를 제공한다 하더라도 그렇게 될 수밖에 없다. 무료로

서비스를 받는 집단의 바로 위에 위치하는 집단들은 보험료를 직접 부담하는 것에 대해 너무나 부담스럽다고 느낄 수 있다. 따라서 그들 중 다수는 실제로 보험에 가입하지 않는다. 1990년대 중반 현재 미국에서 의료보험제도에 가입하지 않은 사람들의 수는 3400만 명에 달한다.*

보험이 조세에 의해 재정 지원되지 않고, 민영화 시스템으로 재정이 충당되어야 한다면, 개인이 부담하는 비용은 결코 낮아질 수 없다. 오히려 정반대로 많은 경우 개인이 부담해야 할 비용은 매우 올라갈 것이다. 게다가 사적 보험 시스템은 '위험군'으로 분류된 사람들, 예를 들어 장애인, 만성질환자 같은 사람들에게는 훨씬 더 많은 초과보험료를 요구한다. 결과적으로 보험을 가장 필요로 하는 사람들이 보험에 가입하기가 가장 어려운 사람들이 되는 것이다. 스웨덴의 의료보장시스템에서는 정반대의 원칙이 적용되고 있다. 우리는 의료서비스를 자주 이용해야만 하는 사람들이 많은 비용을 지불하지 않도록 조치를 취하고 있다.

따라서 '중도당' 사람들이 '그 돈이 그 돈이다'라고 비판한 것이 존재해야만 하는 충분한 이유들이 있다. 그것은 그들이 쉽게 말하듯이, 개인의 한쪽 주머니에서 다른 쪽 주머니로 돈을 옮기는 불편한 시스템이 아니라, 집단으로서의 시민들이 공동체에 요구하는—공정한 재분배 정책을 포함하여—양질의 서비스를 제공하는 복지시스템이 존재하기 위한 필수 조건이다.

* 2008년 현재 이 수는 약 4700만 명이 넘는데, 이는 미국 전체 인구의 16%에 해당한다—역주.

공공에 의한 복지냐 민간에 의한 복지냐

의료, 복지서비스 그리고 교육 같은 조세기반적 서비스들은 현재 주로 지자체와 지방위원회가 제공하고 있다. 그런데 최근에 이에 대해 여러 곳에서 문제가 제기되었다. 그 중에는 심지어 사회서비스 재정이 조세에 의해 충당되어야 한다고 주장하는 사람들도 있다. 비판자들의 주장처럼, 이러한 서비스들을 반드시 지방 정부만이 직접 제공해야 할 필요는 없다. 이러한 서비스들을 사적 기업에 넘겨주어 그들이 지방정부의 위탁 형태로 이 서비스들을 제공하는 것도 가능해야 한다. 그리고 이것이 비용을 절감하고 따라서 납세자들은 그들이 낸 돈을 더욱 가치 있게 되돌려 받을 수 있다는 주장도 있다.

그런데 조세 기반적 서비스가 지방정부에 의해서만 제공되어야 한다는 것은 당연히 그 자체가 최종 목적은 아니다. 마찬가지로 이러한 서비스가 사적 기업에 의해서만 제공되어야 한다는 것도 그 자체가 목적이 될 수는 없다. 따라서 만약에 사적 기업을 제공자로 하는 것만이 그 어떤 다른 방법을 통해서는 결코 얻을 수 없는 공공서비스의 질을 보장한다면, 사적 기업을 선택하는 것이 대안이 되어야만 한다.

문제는 과연 그러한 결과를 얻을 수 있느냐다.

모든 국제적 비교조사는 서비스 비용구조에 결정적으로 영향을 주는 것은 책임 담당 기관이 어디냐—즉 사적 부문에서 제공되느냐, 아니면 공적 부문에서 제공되느냐—하는 것이 아니라는 점을 보여주고 있다. 결정적인 것은 운영이 잘 되고 있는가 아니면 잘못되고 있는가이고, 이러한 운영은 다시 그 기관의 조직과 관련이 있지 소유형태와는 관련이 없다는 것이다.

병원 부문은 모든 산업화된 국가들에서 상대적으로 잘 발달된 서비스 사례이다. 하지만 이들 국가들은 공공에 의한 제공/민간에 의한 제공의 문제는 물론, 공공에 의한 재정충당/개인에 의한 재정충당에 있어서 저마다 다르게 혼합한 시스템을 도입하였다. 그런데 어떤 시스템을 선택했든 간에 상관없이 비용 수준은 모든 국가들에서 비교적 비슷하게 나타난다. 대부분의 국가들에서 의료비용은 1990년대 초에 GNP의 10~12%에 해당하는 것으로 나타났다. 그리고 모든 산업화된 국가들에서 의료비의 증가는 매우 중요한 정치적, 경제적 논쟁거리다.

학교나 노인 요양원 같은 서비스 기관을 공공부문이 운영해야 하는가 아니면 사적 부문이 운영해야 하는가의 문제는 학교와 요양원을 이용하는 개인들의 비용부담의 효율성 문제만을 의미하는 것이 아니다. 그것은 동시에 전체로서의 시스템의 효율성 문제이기도 하다. 여러 부문들은 서로 잘 조화를 이루어야 하고, 큰 간격이 없이 잘 연결되어 있어야 한다. 따라서 이런 효율성을 달성하는 데는 저마다 독립적인 수많은 민간업체에 의한 운영보다는 응집력 있는 조직을 갖춘 공공부문 시스템이 더 유리하다.

다시 병원 치료를 예로 들어 보자. 병원 치료비는 모든 산업화된 국가들에서 급격하게 증가했고 이 모든 나라들에서는 이를 억제하기 위해 정치적 조치들을 각자 취했다. 하지만 스웨덴만이 '돈을 더 가치 있게 사용하자'는 취지의 조치들을 함으로써 의료비의 증가 추세를 돌려놓는 데 성공하였다. 이러한 효율성은 공공 의료부문의 개혁을 통해 달성된 것이지,

민영화 프로그램을 통해서 이룬 것이 결코 아니다.

의료문제에 관한 국제적인 경제 전문가들은 바로 스웨덴의 의료시스템이 공공의 관리하에 통합적으로 유지되기 때문에 좋은 결과를 이룩했다는 데 일치하고 있다. 민영 병원 치료가 차지하는 비율이 매우 높은 나라들에서 정부는 의료비의 증가를 통제하는데 실패했다. 왜냐하면 바로 의료시스템 조직이 너무나 분열되어 있다는 바로 그 이유 때문이다. 스웨덴의 의료 시스템이 세계에서 상당히 효율적인 시스템 중의 하나인 것은 사실이다. 반면, 주로 사보험 시스템으로 재정이 충당되는 미국의 의료 시스템은 가장 비효율적인 의료시스템 중의 하나다.

물론 스웨덴 의료 시스템에도 단점들이 있는데, 이들은 부분적으로는 우리가 오늘날 겪고 있는 경제적 자원의 부족에서 그 원인을 찾을 수 있다. 하지만 이러한 단점들도 GNP의 더 많은 비율을 의료비로 지출하고 있는 나라들에서의 단점에 비하면 결코 큰 것이 아니다. 미래를 생각할 때, 우리는 의료비가—특히 노인층이 증가할 것이기 때문에—점차 늘어날 것이라는 사실을 염두에 두어야만 한다. 이러한 필요성은 전 유럽의 국가들도 마찬가지다. 실제로 스웨덴은 여러 면에서 더 나은 출발선에 서 있다. 왜냐하면 우리는 더 낮은 의료비 부담 수준에서 출발하기 때문이다. 그리고 이렇게 상대적으로 의료비용이 낮은 이유는 주로 의료가 상당부분 공공의 관심사로 되어있기 때문이다.* 그러므로 미래

---

* 2005년 현재 OECD 국가들 중에서 GDP 대비 의료비 지출이 가장 많은 국가는 미국(15.3%)이고 그 다음이 스위스(11.6%), 프랑스(11.1%), 독일(10.7%) 순이다. 스웨덴(9.1%)은 중간정도로서 OECD 평균인 9.0에 가깝다. 반면

를 위한 중요한 질문은 의료시스템을 유지하기 위해 반드시 필요한 추가
적 자원을 어떻게 얻을 수 있느냐 하는 것이지, 근본적 문제의 해결책이
전혀 될 수 없는 복지의 민영화(사기업화)를 어떻게 추진할 것인가 하는
것은 아니다.

비용 문제가 전부는 아니다

　　의료, 서비스, 교육이 사적 기업에 의해서 운영되어야 하는가 공공
기관에 의해 운영되어야 하는가 라는 문제는 단지 비용의 문제에 국한되
는 문제가 아니다. 그것은 우리가 어떻게 기본 원칙을 실천에 옮기는가
하는 문제이기도 하다. 여기서 기본 원칙이란 왜 우리가 이 서비스의
재정을 조세를 통해 충당하는가에 대한 가장 중요한 이유 같은 것이다.
다시 말해 이 서비스들은 모든 사람들이 평등하게 이용할 수 있어야 한다
는 것이다. 서비스의 제공은 사람들의 욕구에 따라 조정되어야지, 사람
들의 이윤추구에 따라 좌우되어서는 안 된다는 것이다.

　　하지만 사적 기업들은 언제나 수익성을 출발점으로 삼을 수밖에

한국은 6.0%로서 OECD 국가들 중 최하위다. 이는 한국의
의료보험제도가 비록 개선되어야 할 점들이 있지만 비교적
효율적이라는 것을 보여준다. 그런데 한국의 경우 특히 문
제는 국민의료비 대비 공공보건지출의 비율이다. 한국은
53%로 OECD 25개 국가들 중 그리스(42.8%), 미국
(45.1%), 멕시코(45.5%) 다음으로 가장 낮은 것으로 나타
났다. 이는 공공보건지출이 강한 영국(87.6%), 스웨덴
(84.6%)은 물론이고 OECD 평균인 72.1%에도 한참 못 미
치는 수치다(보건복지부, 「『OECD Health Data 2007』을
통해 본 한국의 보건의료」 참조)―역주.

없다. 즉 기업의 소유자는 거기서 나오는 이윤으로 먹고 살아야만 한다. 이것은 비용을 절감하는 노력으로 이어질 수 있는데, 이러한 노력은 넓은 의미에서의 업무의 효율성을 통해 이루어지기도 하지만, 또 다른 일보다 더 많은 비용이 들어가는 어떤 일들(예를 들어 많은 간호를 필요로 하는 환자나 특별한 별도의 배려가 필요한 학생의 경우)을 회피함으로써 이루어진다. 따라서 사적 기업의 성격이 강한 사회 시스템에서는 사람들을 차별하는 경향이 항상 존재한다. 이것은 모든 사적 의료기관, 교육기관들이 사람들을 차별하는 식으로 일한다는 것을 뜻하지는 않는다. 하지만 전체로서의 시스템을 본다면, 이런 경향은 분명히 존재한다. 이것은 서비스가 사적으로 운영되어야 하는가 아니면 공적으로 운영되어야 하는가 에 대한 토론에서 반드시 고려되어야 할 사항이다.

사회적 부문에서 사적 기업이 자리할 수 있는 곳은 없다고 단언할 이유는 전혀 없다. 또 특히 무조건 어떤 운영조직이 우선시 되어야 한다고 집착할 이유도 없다. 조직들은 활동의 필요성을 고려하여 만들어져야 한다. 그리고 가장 적합한 것이 무엇인가는 무엇을 해야만 하는가에 따라 달라질 수 있다. 이점에서 사적 기업은 공공서비스의 일부 영역에 적합할 수도 있지만, 다른 영역에는 적합하지 않을 수 있다.

일반적으로 말해서, 우리는 시장에 기반한, 상품의 생산에나 적합한 해결책을 어떤 세심한 고민도 없이, 욕구에 기반한 서비스의 생산에 적용할 수는 없다는 견해에 찬성한다. 두 경우에 주어진 조건들은 너무나 다르다. 사회서비스의 생산에 있어서 어떤 것이 좋은 해결책인가는 이 서비스에 적용되는 특수한 조건들에 따라 결정되어야만 한다. 그것은 전적으로 다른 형태의 생산에나 적용되는 그런 조건들에 근거해서 결정되어서는 안 된다.

스웨덴에서의 경험 그리고 다른 나라들에서의 경험들은 모두 '민영화(사기업화)'를 위한 이유로 제시되었던 것들, 즉 비용·절감 및 보다 많은 변화와 다양성에 대한 요구가—공공부문이 이러한 요구들을 충족시키기 위해 재조직화 된다면—공공부문 내에서도 더 낮게는 아니더라도 마찬가지로 충분히 충족시켜 줄 수 있다는 것을 보여준다. 하지만 '수익성이 별로 없는' 시민들이 소외되지 않도록 배려해야 한다는 요구는, 공공부문에 의한 서비스 생산에서는 특히 고려의 대상이 되지만, 사적 기업에서는 제대로 충족될 수가 없다.

결론은 분명하다. 공공부문에 의한 서비스 생산은 가까운 미래에도 사회서비스의 아주 중요한 부분으로 남아야만 한다.

이점에서 사회가 서비스의 생산 자체에 대해 결정적 발언권을 계속 가지는 것이 필요하다. 특히 조세 재정에 의해 충당되는 서비스가 얼마나 많은 사람들에게 제공되어야 하는가의 문제에 있어서는 더욱 그렇다.

비사회주의 정권 시절인 1991~1994년 기간 중에 의사와 학교에 개인병원과 사립학교의 설립을 자유로이 허용하는 방침이 도입된 적이 있었다. 이것은 사실상 세금으로 조성된 자원을 개인이 마음대로 빼내가는 것이나 다름없었다. 사립학교나 개인 의원을 시작한 사람들은 아주 유리한 입장에 있었다. 왜냐하면 그들이 비용을 청구하기만 하면 지방정부는 이를 지급해야만 했기 때문이다. 이것은 기존의 욕구들과 해결해야만 하는 문제들에 비추어 볼 때, 학교와 병원이 어떻게 해야 하는가의 문제를 전혀 고려하지 않은 것이었다.

그런데 조세로 재정을 충당하는 것은 무한정으로 할 수 있는 일이 아니다. 만약에 시스템의 한 부분에서 비용이 증가하면, 다른 부분에서는 비용 삭감이 있을 수밖에 없다. 이것은 정치적 민주주의적 의사결정 과정에서 일어나는 일이다. 우리는 가용한 자원의 틀 내에서 여러 다양한 욕구들과 요구들 중에서 어느 것이 더 중요하고 덜 중요한지 검토하는데, 이래야만 욕구들을 가장 잘 충족시키는 방식으로 돈이 배분될 수 있다.

이것은 모든 욕구와 요구들이 충족될 수 있다는 것을 의미하지 않는다. 조세에 의한 재정충당은, 바로 앞에서 말했듯이, 무한정한 것이 아니기 때문에, 일부 요구들을 거절할 수밖에 없다는 것은 당연한 이치다. 그러나 이것은 누구나 의사결정 과정에 영향을 미칠 동일한 기회를 가진다는 것을 의미한다. 어느 누구도 다른 모든 욕구에 우선하는 욕구를 당연히 가질 수 있는 권리는 없다. 또 이것은 공중의 검토가 가능하도록 개방적인 과정을 통해서 다양한 욕구들 간의 균형이 이루어지는 것을 의미한다. 그리고 이 과정은 여론이 형성될 수 있고, 또 저마다 영향을 미칠 수 있고, 나아가 만약에 새로운 논의나 경험들을 통해 수정이 필요하다는 것이 드러나면, 언제든지 결정된 내용의 일부가 수정될 수 있는 그런 과정이다.

그러나 어떻게 그리고 언제 서비스들이 제공되어야 하는가 라는 문제에 있어서 사람들이 전혀 영향을 미칠 수 없는 서비스를 재정적으로 충당하는 데 지방정부가 무조건 책임을 져야한다면, 민주주의적 과정은 정상 궤도를 벗어난 것이다. 사적으로 운영되는 제도들에 들어가는 비용은—그것이 얼마나 중요한지 아닌지에 상관없이—학교 또는 돌봄 서비스 내의 다른 욕구들과 비교할 때, 매우 분명한 우선권을 가지고 있다. 왜냐하면 그 비용들은 무조건 지급되어야만 하기 때문이다. 그 결과는 시스템의 어떤 다른 부분에 들어갈 비용에 대한 삭감이 이루어져야만 한다는 것을 의미한다.

비사회주의 정당들은 이것을 선택의 자유를 증진시킨 개혁이라고 말한다. 물론 이것은 자기 소유의 사립학교 또는 개인병원을 가지길 원하는 사람들의 자유를 증대시켰다. 하지만 이것은 다른 사람에게 들어가야 할 비용을 대가로 얻은 자유다. 계속해서 지역 공립학교를 다니고 싶거나, 개인병원에서는 취급하지 않는 질병을 가지고 있는 사람들에게는 새로운 사적 기관들로 인해 줄어든 선택의 폭을 받아들이는 방법밖에 없다. 그들은 이러한 상황에서 어떠한 변화도 관철시킬 기회를 가지지 못했다.

이것은 비합리적인 제도다. 우리는 모두에게 개방된 학교 교육과 같은 사회서비스를 시민들에게 보장하기 위해서 세금을 부과한다고 하면서, 곧이어 납세자들이 돈이 어떻게 쓰이는지 통제할 가능성을 가지지 못한 채 사실상 방치되는 것을 의미하는 새로운 제도를 도입할 수는 없다.

공공부문에서 제공되는 서비스들이 보다 다양해지고 또 변화되는 것은 바람직하고 또 필요하다. 사람들은 서로 다르다. 그리고 누구나 자신에게 가장 알맞은 것을 찾을 수 있는 동일한 기회를 가져야 한다면, 선택할 수 있는 대상들이 여럿 있어야 한다. 그러나 선택의 자유는 결코 무제한적이지 않다는 사실은 분명히 언급되어야만 한다. 왜냐하면 자원들은―조세수입에서 나타나듯이―무제한적이지 않기 때문이다. 민주주의는―우리가 앞에서 말했듯이―개인이 원할 때 언제나 얻을 수 있는 그런 것이 아니다. 특히 다른 사람의 돈을 가지고서 자기가 좋아하는 것을 맘대로 할 수 있는 권리는 결코 아니다.―세금으로 걷은 돈은 제멋대로 쓸 수 있는 돈이 아니다.

민주주의는 의사결정 과정에 참여할 수 있는 권리인데, 이 과정을 통해 우리는 시민으로서 공동선을 위해 가장 좋은 해결책이 무엇인지를 결정한다. 비록 이것이 일부 개인들의 욕구를 충족시킬 수는 없다는 것, 즉 어쨌든 그들의 욕구는 세금을 통해서는 이루어질 수 없다는 것을 의미하더라도 말이다.

개인의 책임

어떤 공동체에서도 충족되어야 하는 다양한 욕구들―아이들 키우기, 노인들의 부양에 대한 욕구, 마약남용에 대한 조치들 등―은 오직 공공의 노력만으로는 결코 충족될 수 없다. '사회'가 할 수 있는 것은 시민들이 좋은 생활수준을 누릴 수 있는 조건을 만드는 것이다. 하지만 '사회'는 어떻게 시민들이 주어진 기회를 활용할 것인가에 대해 결코 결정할 수 없다. 바로 이것이 개인의 책임에 관한 문제다.

'사회'는 모두를 위한 좋은 교육 기회를 보장할 수 있다. 하지만 그 기회를 어떻게 최대한 활용할 수 있는가를 선택해야만 하는 것은 개인의 몫이다. '사회'는 어린이들과 청소년들의 발전을 위한 좋은 조건을 보장하는 데 기여할 수 있다. 예를 들면 자녀를 둔 가정에 경제적 지원을 한다거나, 훌륭한 아동 보호 서비스를 제공하는 것이다. 하지만 이러한 기회를 거쳐 나타나는 최종 결과를 좌우하는 것은 개인들 자신—즉 부모뿐만 아니라 모든 어른들—의 몫이다. 즉 그들이 아이들을 위해 시간을 내고 또 관심을 보이며, 제재가 필요할 때는 제재를 하고, 또 그들이 하는 행동이 어린이와 청소년에게 큰 영향을 미칠 수 있다는 것을 얼마나 명심하고 있느냐에 따라 최종 결과는 달라질 수 있다. '사회'는 마약과 술에 중독된 자들을 돌보는 시스템을 만들 수 있다. 예를 들어 마약거래를 중단시키는 다양한 방법을 사용할 수 있고, 술의 경우 사람들의 음주습관에 영향을 미칠 수 있다. 그러나 마약 문제가 더 심각해지지 않도록 할 책임은 사람들 자신에게 있다. 왜냐하면 각 개인들에게 이것이 심각한 문제가 되도록 만드는 것은 사회생활, 영업활동, 경마장 그리고 모임 등에서 개인들이 술(또는 그로 인해 마약도)을 원하는 욕구에서 시작하기 때문이다. 그리고 이로 인해 생긴 문제를 '사회'는 이들을 돌보는 서비스를 통해 해결하려 노력해야만 한다.

바로 이런 이유 때문에 공공부문은 사람들이 스스로 자신에 대한 책임감을 잃지 않도록 조직화 되어야 한다. 공공부문은 사회 문제를 고용된 전문가들만의 관심사로 만들어서는 안 된다. 여기서 사회민주주의자들이 자아비판을 해야 할 이유가 있다. 과거 한동안 사회민주주의자들이, 부모들이 공동으로 직접 관리하고자 하는 주간보호센터, 사회적 부문 내에서의 자원 활동을 반대했고, 또 자신들 나름의 청소년센터를 운영하길 주장하면서 기존 법규의 일부 조항과 갈등을 빚었던 청소년들 등에 대해 반대했던 사실은 부인할 수 없다. 우리는 아마도 당시 우리가 '사회의 책임'을 강조했을 때, 사회라는 것이 국가 또는 지방정부가 고용한 전문가와 같은 말이 아니라는 사실을 망각했던 것 같다. 사회는 오히려 정반대로 시민 자신들인데도 말이다.

복지정책은 사람들에게 일정한 권리들을 제공한다. 하지만 다른 한편으로 사람들에게 요구를 하기도 한다. "각자 누구나 자신의 욕구에 따라(분배받고-역주), 각자 누구나 자신의 능력에 따라(일한다-역주)"라는 1800년대 프랑스의 사회주의자 루이 블랑Louis Blanc*의 유명한 구호는 복지정책이 권리와 동시에 책임의 문제임을 보여준다.

그러므로 당연히 공공부문은, 사람들이 자신들이 영향을 받는 영역에서 개인의 참여가 반드시 필요할 때 참여를 할 수 있도록 운영되어야만 한다. 즉 학교에서의 학생과 학부모들, 병원 치료에서의 환자와 친척들의 참여, 청소년 복지나 노인 부양에서의 자원활동은 가능해야만 한

---

* 루이 블랑, 1811~1882. 프랑스의 역사가이자 사상가. 보통선거제를 주장하고 노동조합을 결성, 영세업자와 노동자의 빈곤을 없애야 한다고 역설하였다. 1848년 2월 혁명 뒤에는 임시정부의 요원이 되었고, 아틀리에 나시오노(국립작업장)을 창설하기도 하였으나, 1848년 6월 사건으로 실각, 영국으로 망명하였다. 1871년 귀국하여 국민의회의 의원으로 당선되었지만, 파리코뮌에 대해서는 비판적 태도를 취하였다(두산백과사전 EnCyber & EnCyber.com 참조)-역주.

다. 만약 사회서비스가 수동적인 방식으로 그리고 사람들이 마지못해 세금을 내면서 느끼는 그런 책임감 속에서 소비된다면, 우리는 사회 전반에 걸쳐, 그리고 결국에는 민주주의에 대해서도 무관심하고 비참여적인 태도를 양산하게 될 것이다. 하지만 정반대로 공공부문이 개인의 참여와 적극적 관심을 자신의 전제조건으로 삼는다면, 이 경우 사회에 대한 책임도 생겨나고, 사회의 이익도 더불어 증가할 것이다.

물론 자발적 참여는 의료, 교육, 사회서비스를 제공하는 서비스들을 보장해야 하는 사회의 책임 또는 집단의 책임을 대체할 수 없다. 맹장수술은 병원에서 해야 한다. 맹장염에 걸린 사람이 수술을 받기 위해 친구들이나 친척들이 자발적으로 모아 준 돈에 의존할 필요가 없도록 해야 한다. 우리가 서로 인간 동료로서 외로운 환자와 노인을 책임질 수도 있다는 말은 매우 그럴 듯하게 들린다. 하지만 환자의 입장에서 본다면, 자원봉사자의 친절에 의존하는 것보다는, 재택 서비스 기관에서 파견되어 정해진 시간에 자신을 방문하는 사람이 있는 것이 훨씬 더 안심이 된다. 또 의료서비스를 실시하기에 충분히 발달하지 못한 사회 구조에서는 치료를 받아야 하는 사람 또는 심한 장애를 가지고 있는 사람의 친척들에게 말할 수 없이 어려운 부탁들이 생겨날 수 있다는 것을 잊지 않는 것이 중요하다. 이 경우 실제로 책임은 주로 여성들에게 주어지며, 이것은 그들의 생활에서의 선택의 자유를 크게 제한한다.

우리가 미래에 해결해야 할 과제는 공공의, 집단적 책임과 개인의 참여 사이에 적절한 균형을 유지하는 것이다. 그 이유는 한편으로 시민 자신들에게 매우 중요한 서비스들에서 그들이 실질적으로 참여할 수 있는 형태들을 발전시키는 것이 중요하기 때문이다. 그러나 또 다른 이유는 이를 통해 노인 부양에 들어갈 더 많은 노력자원은 물론 교육 부문에서의 발전을 위한 자원들을 보다 풍부하게 제공할 수 있기 때문이다. 우리가 알다시피 이 두 영역은 향후 몇 십년간 엄청나게 수요가 증가할 것이고, 말 그대로 상당한 사회적 관심사가 되고 있는 영역들이다.

　　따라서 공공부문을 '시민사회', 즉 시민의 참여와 반대되는 어떤 것으로 간주하는 것은 잘못이다. 이것들은 사실상 동전의 양면이다. 공공부문과 개인의 참여는 서로를 대체할 수 있는 것이 아니다. 오히려 양자는 상호간에 긴밀히 의존하는 관계다. 시민들의 사회서비스에의 참여는 민주주의에 있어 반드시 필요하다. 하지만 사회서비스에 의해 제공되는, 기본적인 경제적 보장 그리고 자신의 생활에 대한 통제 가능성은 다시 사람들이 생활에 대처하고 참여할 수 있도록 만드는 조건이 된다. 사람들이 자신의 고유한 삶에 대해 더 이상 통제할 수 없을 때 생겨나는 무력감보다 사람들을 더 수동적으로 만드는 것은 없다.

새로운 시대

노동운동은 산업사회의 산물이다. 그것은 초기 산업사회의 심한 사회적 불의에 대항하는 운동으로서 성장하였다. 하지만 노동운동에게 사회를 변화시킬 기회를 제공한 것도 산업사회의 자원들이었다.

1940년대 말부터 장기간의 개혁시대가 시작되었는데, 이 시기는 약 30여 년 간 지속되었다. 이 시기는 종종 사회민주주의의 수확기라고 부른다. 이 시기 동안에는 사회보험 시스템이 제대로 구비되고, 초등학교 의무교육이 도입되고, 중등교육이 확산되었으며, 오래된 빈민주택들이 사라지고, 노동관련 법안들이 도입되고, 아동보호와 노인보호는 물론이고 병원 의료서비스가 광범위하게 확대되었다. 이 모든 개혁들은 정치적 의지의 표현, 즉 일하는 다수의 사람들을 위해 사회를 더 낫게, 더 안전하게, 더 정의롭고 평등하게 만들고자 하는 의지의 표현이었다. 공정한 재분배를 위한 이러한 정책을 만들어 낸 것은 사회민주주의적 가치들이었다. 하지만 분배할 수 있는 수단들을 제공한 것은 당연히 발전하는 산업사회에서 창출된 자원들이었다.

2차 대전 이후 수십 년 동안 서방 세계의 모든 나라들은 고도의 안정적 경제성장을 누렸다. 이러한 성장이 있었던 데에는 전후의 폐허로부터의 복구라는 것이 한 몫을 했지만, 다른 한편으로는 자동차, 냉장고, 텔레비전과 같은 재화의 대량생산을 가능하게 했던 기술의 발전도 있었다. 그리고 여러 요인들이 함께 작용했는데, 이것은 스웨덴으로 하여금 이러한 기회들을 아주 잘 이용할 수 있도록 만들었다. 스웨덴 산업의 질과 경쟁력은 물론 중요한 기본적 요소였지만, 또 다른 중요한 요인은 이른바 '스웨덴 모델'로 알려지게 된 것이었다. 이것은 노동시장의 양 당사자 간의 협력위에 만들어졌는데, 경제정책과 더불어 안정과 효율을 동시에 가져왔다. 이 모델은 투자와 생산합리화를 가속화하는 조치들과 누구에게나 경제적 성과의 몫을 나누어주는 재분배 정책을 적절히 결합시켰다. 이를 통해 이 모델은 사람들로 하여금 산업경제의 변화에 따른 압력을 기꺼이 받아들일 수 있도록 하였다.

그런데 1970년대 중반에 이르러서 이러한 발전은 그 속도가 둔화되었다. 간단하게 말하자면, 경제성장률이 떨어졌다. 높은 수준의 성장을 유지시켰던 욕구들이 충족되었기 때문이다. 그리고 발전의 정점에서 다른 변화들이 생겨났다.

· 더 적은 인간의 노력으로 더 많은 생산을 가능하게 한 기술의 발전
· 새로운 형태의 국제무역과 신흥 산업국가들과의 경쟁의 증가

· 산업사회가 지금까지 해왔던 방식을 고수할 경우 외부의 환경과 자연
자원의 이용에 심각한 문제가 올 것이라는 점. 따라서 생산과 소비 둘 다
환경과 자연자원의 이용이 견딜만한 한도 내에서 조정되어야 한다는 점에
대한 경각심의 증가

마르크스주의적 용어를 빌리자면, 생산력에서의 엄청난 변화라고
말할 수 있을 것이다. 이러한 변화들은 정치적, 사회적 구조의 변화를
수반하는 것은 물론 경제와 정치에서 권력의 새로운 이동이 일어나게
만든다. 이것은 기존의 정치적 도구들은 더 이상 과거처럼 효율적이지
못하며, 따라서 새로운 현실에 적합한 새로운 전략이 개발되어야만 했
다는 것을 의미했다.

사회변화가 요구하지 않는 것

사회민주주의는 새로운 사고가 필요하다는 사실을 받아들이는 데
일정한 어려움을 겪었다. 수십 년 동안 계속된 성공과 이로 인해 가지게
된, '우리는 우리가 원하는 것을 이룩할 수 있는 방법을 통달했다'는 식의
자신감 때문에, 우리는 변화가 새로운 방향으로 나아가고 있다는 사실,
즉 우리가 오늘날 전혀 다른 형태의 문제들에 직면해 있다는 사실을 깨닫
지 못하고 우리 스스로가 쳐 놓은 장벽 안에 갇혀 있었다.

그런데 변화에 대한 요구를 둘러싼 논의는 비사회주의 정당들이
스웨덴 경제가 문제를 가지게 된 것은 복지정책 때문이라고—실제로
서구의 다른 나라들의 상황을 얼핏 보아도 모든 나라들에서 비슷한 문제

를 겪고 있었는데도—주장하면서 더욱 제대로 다루기 어렵게 되었다. 현실에 대해 새로운 분석을 해야 한다는 요구는 많은 사람들이 보기에 평등과 정의의 이데올로기적 가치를 의심하는 것으로 그리고 결국 보수주의적 사고에 항복하는 것으로 여겨졌다. 그런데 1990년대 스웨덴의 문제는 우리가 복지에 '너무나 많이' 투자했다거나, 기업이 '너무나 적은' 행동의 자유를 가지고 있었다는 사실에서 생겨난 것이 아니다. 따라서 우리가 복지정책을 줄이는 쪽으로 변화시키고, 기업에 대한 긍정적 태도를 취하기만 하면 모든 문제가 풀릴 수 있다고 보는 것은 전혀 잘못된 생각이다. 물론 우리의 과거 정책들 중에는 개별적으로 비판받을 수 있는 것들이 일부 있었다. 하지만 우리가 오늘날 당면한 문제들에서 특히 중요한 것은 이것이 기술적, 경제적 시스템의 근본적 변화에서 나온다는 사실이다—이러한 변화를 연구자들은 일반적으로 '패러다임의 이동'이라 부른다—.따라서 1960년대, 1970년대 적용했던 사회민주주의적 정치는 새로이 생겨난 상황을 다루는 데 적합하지 않다. 그러나 자본가를 위한 전면적 자유를 주장했던 1920년대의 요구에 고취된 신자유주의적 처방 역시 적합하지 않다. 새로운 생산질서는 더 많은 사회적 차별을 필요로 하지 않는다. 오히려 정반대로 이러한 차별에 맞서고 또 이를 줄일 수 있는 새로운 방법을 필요로 하고 있다.

우리가 과거를 뒤돌아 볼 때, 우리는 복지국가의 고전적 정치적 수단들이 이미 1970년대부터 영향력을 잃기 시작했음을 알 수 있다. 왜냐하면 복지정책이 기반으로 삼았던 기술적, 경제적 연관성들이 변화하기 시작했기 때문이다. 보수주의자들은 이러한 사실을 복지시스템에 대한 자신들의 비판이 옳았으며, 따라서 해결책은 더 많은 '시장 - 지향적' 정책을 도입하는 데 있다는 것을 증명하는 것이라고 해석한다. 그러나 가까운 과거를 뒤돌아보면, 우리는 수많은 국가들이 1980년대에 보수주의적 처방을 도입지만 경제적 문제를 해결하지 못했다는 것을 알 수 있다. 오히려 1980년대에는 새롭고 매우 어려운 사회문제들이 생겨났던 것이다. 따라서 문제의 원인에 대한 기본적 진단이 완전히 틀렸던 것이다.

마치 눈가리개라도 한 듯이 현실을 제대로 볼 수 없었던, 스웨덴의 비사회주의 정권(1991~1994년)이 실시한 정책들은, 문제에 대한 잘못된 분석이 얼마나 자신들이 풀 수 있으리라 생각했던 문제들을 더욱 악화시키기만 하는가를 잘 보여준 사례들이다.

사회민주주의는 구태의연한 보수주의적 해결책을 대신할 방법을 찾을 것이다. 우리에게 주어진 과제는, 오늘날의 경제적, 기술적 구조를 감안하면서, 자유, 평등 그리고 연대라는 목적을 추진하는 데 효과적인 방법을 찾는 것이다.

오늘날, 1950년대의 노동시장정책, 경제적 관리정책 같은 거대하고 새로운 '체계적 해결책'을 찾는 것은 거의 의미가 없다. 그러한 해결책들은 거대시장을 향한 표준화된 생산물을 대규모로 생산하던 방식이 지배적인 산업과 노동시장에서 가능했었다. 하지만 이런 해결책은 다품종 소량생산에 기반 한 산업체제에서 또는 유연성을 요구하는 서비스 부문과 다면적 능력이 중요한 요인이 되는 노동시장에서는 맞지 않는다. 우리는 대규모의 체계적 해결책을 찾는 대신에 이제는 실톱의 부분들을 모아서 짜 맞추는 일을 시작해야만 한다. 이것은 만약에 함께 모아진다면 좋은 결과를 낳을 수 있는 다양한 수준의, 다양한 형태의 방법들을 의미한다.

1890년대를 회고하며

서문에서 우리는 100년 전 산업노동자의 생활조건들을 이야기했었다. 당시의 생활조건과 비교해 보면 그동안 엄청난 변화가 일어났다. 하지만 외부적인 조건에서의 엄청난 차이에도 1990년대 말의 오늘날 사회민주주의는 1890년대에 직면했던 것과 동일한 형태의 과제에 직면해 있다. 사회민주주의가 1940~1970년대 사이에, 즉 변화하는 사회 속에서 그 이전 수십 년간 노력의 결실을 거두어들이는 수확기를 누렸다면, 오늘날 우리는 다시 땅을 갈고 농사를 새로이 준비해야 하는 시점에 서있다. 정치는 이미 만들어진 좋은 기회를 이용하는 것이 결코 아니다. 정치는 평등과 정의의 정책을 위한 새로운 조건을 창출하는 데 초점을 두어야 한다. 1890년대와 마찬가지로 우리는 오늘날, 새로운 생산질서가 나타나고, 기술적, 경제적 변화가 새로운 권력관계, 새로운 사회구조 그리고 새로운 정치적 조건을 만드는 시대에 살고 있다. 그때와 마찬가지로 지금도 새로운 테크놀로지에 의해 주어진 새로운 기회를 가장 먼저 이용하는 집단들이 자신의 영향력과 부를 증대시킬 수 있는 집단들이라는 것을 우리는 알 수 있다. 그리고 그때와 마찬가지로 지금도 우리는 새로운 질서에서 이득을 얻는 자와 잃는 자 사이에 생겨나는 격차들을 볼 수 있다. 그때와 마찬가지로 지금도 이러한 격차가 벌어지면서 사회에서 새로운 긴장이 커져가고 있다. 그때에 사람들은 걱정스런 목소리로 '사회 문제'와 하층 프롤레타리아 계급에 의한 위협을 말했었다. 오늘날 우리는 차별과 장기실업 그리고 폭력과 범죄의 증가를 걱정스럽게 이야기한다. 그때에 사람들은 '기존의 사회질서'를 걱정하였고, 오늘날 우리는 '민주주의'에 대해 걱정한다.

그 당시와 마찬가지로 오늘날 많은 사람들은 인생을 살면서 미래에 대한 비관주의적 감정을 느낀다. 이러한 비관주의는 변화의 과정에서 생겨난 문제들이 원인인데, 이러한 문제들에 대해 사람들은 어떤 해결책도 없다고 느끼고 있다. 이것은 아마도 사람들이 커다란 가치를 부여했던 어떤 것들이 사라지고 있다는 느낌, 그 대신에 얻을 수 있는 것은 전혀 보이지 않는다는 느낌일 것이다.

100년 전 당시와 마찬가지로 우리가 오늘날 직면하고 있는 변화에는 위협과 위험이 존재한다. 따라서 이것들을 정확히 바라보고 또 인식하는 것이 중요하다. 하지만 당시와 마찬가지로 오늘날에도 커다란 기회들이 존재한다.

초장기 발전 단계의 산업사회는 많은 심각한 불의와 노동대중에 대한 가혹한 착취를 낳았다. 노동운동은 이 모든 것을 바꿀 수 있었다. 산업사회의 중요한 자원들은 불의를 제거하고, 경제적 안정을 가져오고 자신들의 삶에 대한 사람들의 영향력은 물론 자신들이 살고 있는 사회에 대한 영향력도 증대시키는 데 사용될 수 있었다.

새로운 정보사회는 초기 단계부터 권력과 복지에 있어서 사람들 간에 커다란 차이를 낳고, 아주 강한 착취적 성격의 노동시장을 창출하였다. 일자리를 가진 사람은 점점 더 빠른 속도로 일하도록 강요당하고,

유연성이라는 가혹한 요구에 직면해 있는 반면, 많은 사람들은 정규직 일자리로부터 완전히 또는 부분적으로 배제되어 있다.

그러나 당연한 이야기지만, 이런 식의 경제적·정치적 권력의 새로운 분배는 영원히 변하지 않고 남아 있을 수는 없을 것이다. 산업세계가 현재 경험하고 있는 거대한 경제적·기술적 형태 변화는 모든 부문에서 동일한 속도로 일어나지 않는다. 어떤 부문들에서는 변화가 일어나고 또 가속화되어, 그 부문에 속한 사람들은 일정 기간 동안 다른 사람들에 비해 일정한 이점을 누릴 것이다. 그런데 이것은 경제적으로 뿐만 아니라, 타인의 희생을 대가로 자신의 이익을 증진시킬 수 있는 권력의 측면에서도 그러할 것이다.

그러나 새로운 테크놀로지, 새로운 지식은 사회 내의 점점 더 많은 부문들로, 점점 더 넓게 확산될 것이고, 이로 인해 '선두 부문'이 원래 누렸던 이점들은 감소할 것이다. 그리고 변화의 초기 단계에 그렇게도 강했던 불평등 메커니즘에 반발하는 반대 세력이 성장할 것이다. 즉 계속되는 변화에 영향을 미칠 반대 세력 말이다. 그러한 반대 세력으로 행동하는 것 그리고 다른 반대세력의 발전에 기여하는 것이 바로 사회민주주의의 임무다.

만약에 어떤 사람이 미래의 산업사회를 1890년대 당시의 경제적·사회적 조건이 계속 유지되는 것으로 예언했었다면, 그러한 예언은 완전히 틀린 것이다. 마찬가지로 만약에 어떤 사람이 오늘날 존재하는 사회의 특수한 조건들을 보고, 이에 근거하여 새로운 지식기반 사회, 정보사회가 앞으로 어떻게 발전할지에 대해 단정적으로 결론을 내린다면, 그러한 결론은 잘못된 것이다. 미래의 발전은 과거와 마찬가지로 오늘날에도 우리가 발전을 어떻게 다루느냐에 따라 달라진다.

향후 이삼십 년 간 사회민주주의에게 핵심적인 문제라고 생각되는 것들은 다음과 같다.

· 글로벌 금융 시장에 대한 통제를 하고 자본으로부터 권력을 되찾기 위해서 새로운 형태의 국제적 협력을 발전시키는 것이 필요하다.

· 생산에 있어 점점 더 중요한 요소가 되는 지식을 많은 사람들에게 확산시키기 위해 교육에 대폭적인 투자를 하는 것이 필요하다.

· 평등을 창출하기 위해 제공된 기회를 더욱 발전시키는 것이 필요하다. 예를 들어 전 지역에 골고루 일자리를 만들고, 민주주의적 논의에 보다 많은 사람들을 참여시키는 것 등등.

· 환경정책을 성장-, 고용정책과 연계시키는 것이 필요하다. 자연 자원에 대한 신중한 이용을 강하게 요구하는 환경정책은 자본가들이 사용하는, 점점 증가하는 권력담론을 제어할 수 있는 중요한 힘으로 발전할 수 있다.

· 국제적인 정치적 협력을 강화하고 동시에 해당 공동체에서의 시민의 영향력도 강화시켜야 하는 필연성에 기초한 새로운 민주주의의 형태들을 발전시키는 것이 필요하다.

새로운 자본주의

국제적인 자본이동의 증가를 보는 시각은 두 가지가 있다. 한 가지는 투자자본의 문제를, 다른 하나는 순수 금융자본의 문제를 다루고 있다.

생산적 투자로 투입되는 자본에서부터 이야기를 시작해보자. 현대의 거대한 기업들은 전 세계에 걸쳐 운영되고 있으며 조건이 가장 좋은 최적지를 찾아 투자한다. 이러한 사실은 개별 국가들이—또는 동일한 기술적 수준을 가진 일군의 국가들이—다른 국가들과 비슷한 정도의 세금과 부과금, 노동법안 등을 제시해야 한다는 부담감을 갖는다. 기업 입장에서 볼 때, '더 나쁜' 조건을 제시하는 국가들은 투자자를 잃을 위험을 감수해야 한다.

그러나 이것은 임금과 사회적 급여 같은 것에 대한 전반적인 인하 압력을 반드시 수반하는 것은 아니다. 현대의 지식기반적, 기술집약적 기업들은 높은 수준의 교육을 받은 종업원, 발전된 전국적 수준의 사회간접시설 그리고 안정적인 법률제도에서부터 잘 운영되는 의료제도까지 포함하는, 좋은 사회제도들을 필요로 하고 있다. 그런데 이러한 요구들은 오로지 기술적, 사회적 발전 정도가 일정 수준 이상에 도달한 나라들에서만 충족될 수 있기에, 산업화된 국가의 기업에 의한 국제 투자의 대부분은 결과적으로 또 다른 산업국가에서 이루어진다. 이 경우, 유권자와 임금노동자들은 기업에 저항하면서 자신들의 이익을 증진시킬 수 있는 힘을 가진다. 왜냐하면 기업들은 종업원들의 경쟁력은 물론 사회제도의 경쟁력에 의존할 수밖에 없기 때문이다. 이런 측면에서 볼 때,

생산의 국제화가 사람들이 기존에 누려왔던 평균적 생활수준을 하락시킬 것이라는 우려는 과장된 것이다.

그런데 만약 이런 생활수준이 하락할 위험이 실제로 존재한다면, 그것은 다른 이유 때문일 것이다. 만일 스웨덴 산업이 지식발전과 국제 경쟁의 속도를 따라잡을 수 없다면, 그리하여 보다 낮은 수준의 기술 투입을 요구하는 상품의 생산 부문, 즉 저임금국가와 경쟁하는 부문으로 변화할 수밖에 없다면 이러한 위험은 생겨날 수 있다. 그럴 경우 임금과 사회적 급여 모두 우리가 경쟁해야 하는 저임금 국가들 수준에 맞춰지게 될 것이다. 그러므로 우리는 그런 상황에 이르는 것을 반드시 피해야 하며, 이를 위해 교육과 재교육에 대대적인 투자를 해야 한다.

그러나 비록 국제화 과정이 임금과 사회적 급여를 하락시키는 식으로 압력을 가하지는 않는다 하더라도, 이 과정은 상이한 국가들 내의 경제적 게임규칙을 동일하게 만듦으로써 압력을 가한다. 오늘날 개별 국가들은 1960년대에 비해 자신의 독자적 정책을 추진할 기회를 더 적게 가지고 있다. 그 당시의 정책은 경제적 문제, 조세, 임금 변동 등에 있어서 나라별로 매우 편차가 컸었다. 과거보다 정치적 조치를 할 수 있는 여지가 더 줄어든 것이다.

그런데 더욱 걱정스러운 것은 자본 국제화의 또 다른 측면이다. 그것은 순수 금융자본의 규모와 유동성이 급격하게 증가하고 있다는 것이다. 1970년대 중반부터 1980년대 중반까지 세계의 재화교역은 세 배로 증가하였다. 하지만 통화 거래는 70배나 증가하였다. 모든 세계 통화거래의 단 2%만이 상품 값에 대한 지불대금이었으며, 나머지는 "통화서비스currency services", 즉 대부분이 자본의 투기적 이동이었다.

　제대로 작동하는 금융시장은─채권, 주식, 그리고 기타 금융수단 등의 거래를 위해서─생산에 아주 중요하다. 기업들에게 투자에 필요한 자본의 일부를 제공하는 것은 금융시장이다. 그러나 오늘날 실제 벌어진 일은 금융시장이 급격하게 성장하면서 금융시장이 너무나 '실물 경제', 즉 생산으로부터 괴리되어, 이제 저만의 길을 가기 시작했다는 사실이다. 이것은 거시경제학 교과서가 시장경제의 작동 방식에 대해 설명하는 것과는 다른 방식으로 경제적 게임규칙을 변화시키고 있다.

　1996년 언론에서는 실업률이 하락하지 않았다는 뉴스에 뛸 듯이 환호하는 뉴욕증권거래소의 모습을 보도했다. 증권거래소는 일자리의 증가가 인플레이션을 초래하고, 증가된 인플레이션이 다시금 자본의 손실을 초래할까봐 두려웠던 것이다. 이러한 사실을 보면, 우리가 국가의 복지수준이 노동자의 임금수준과 밀접한 관계가 있다(즉 일자리와 소득이 있는 사람이 많으면 많을수록 회사의 생산물을 살 수 있는 사람들이 더 많아진다)고 생각했던 과거 미국의 자동차 왕 헨리 포드Henry Ford로부터─단지 시대적으로 뿐만 아니라─(생각의 거리상으로도-역주) 얼마나 멀리 벗어나 있는지 알 수 있다.

　거대한 투기적 금융시장은 경제의 효율성에 부정적 영향을 끼친다. 많은 경제학자들은 일반적인 이자율이 원래 생산의 능력과 관련해서 정해져야 하는 이자율보다 더 높게 책정되어 있다고 생각한다. 또다른 결과는 세계 무역이 더욱 불안정해진다는 것이다. 이러한 사실은 왜 오늘날, 심지어는 사적 자본을 지원하는 강력한 조치들을 일반적으로 주장하는 정치적, 경제적 집단들에서 조차 금융시장에 대한 더 많은 정치적 통제를 허용하는 조치들을 도입해야 한다는 진지한 논의가 전개되고 있는지를 잘 말해준다.

이 문제와 관련하여 통화를 거래할 때마다 특별세*를 부과하고, 이를 통해 거둔 돈을 유엔으로 귀속시키자는 제안이 있다. 그런데 문제는 오늘날 이와 같은 세금을 부과할 수 있는 권력을 가진 주체가 전혀 없다

* 대표적인 것으로는 토빈세(Tobin's Tax)가 있다. 이는 노벨 경제학상을 수상한 미국 예일대학교의 제임스 토빈(James Tobin)이 1978년에 주장한 이론으로, 외환·채권·파생상품·재정거래(arbitrage) 등으로 막대한 수익을 올리고 있는 국제 투기자본(핫머니)의 급격한 자금유출입으로 각국의 통화가 급등락하여 통화위기가 촉발되는 것을 막기 위한 규제방안의 하나이다. 그는 단기성 외환거래에 세금을 부과할 경우 연간 수천 억 달러의 자금을 확보할 수 있다고 주장하였는데, 이 제도는 일반 무역거래, 장기 자본거래, 그리고 실물경제에는 전혀 지장을 주지 않으면서 투기성 자본에만 제약을 가한다는 것이 특징이다. 또 각국의 중앙은행은 자신들의 실정에 맞게 독립적인 금리정책을 시행할 수 있게 되므로 국가 재정수입도 늘어나는 효과가 있다. 그러나 이 제도는 일부 국가에서만 실시하면 국제자본이 토빈세가 없는 곳으로 이전할 가능성이 높기 때문에 전 세계 모든 국가가 시행하지 않으면 효과가 없다. 현재 투기자본으로 인한 이득이 가장 많은 미국이 특히 반대하고 있다. 현재 전 세계적으로 하루에 거래되는 단기 국제자본의 규모는 평균 1조 5000억 달러에 이르며, 여기에 0.05%의 거래세를 부과하면 연간 최소 1000억 달러 이상의 조세수입이 발생하게 되어 이 제도가 도입될 경우 국제금융시장의 안정성 제고와 각국 빈부격차 완화에 크게 기여할 것으로 예상하고 있다(두산백과사전 EnCyber & EnCyber.com 참조)—역주.

는 것이다. 따라서 새로운 형태의 국제적 협력이 필요하다.

각 개별 국가들은 국제적 투기 시장에 의해 야기된 문제들을 자력으로 해결할 수 없다. 따라서 국가 간의 협력이 필요하다. 사회민주주의가 직면한 가장 중요한 임무 중의 하나는 다른 국가의 자매결연 정당들과 함께 그러한 협력체를 발전시키고, 스웨덴이 참여하고 있는 국제기구에서 협력에 대한 요구를 강화하는 것이다.

노동시장

오늘날 노동시장에는 사회적 차별을 증가시키는 메커니즘이 있다. 사회민주주의 정책에 근본적으로 요구되는 것은 사회민주주의 정책이 이러한 움직임을 억제하는 힘으로 작용해야 한다는 것이다. 즉 예를 들어 지난 1990년대의 논쟁에서 실업 문제의 해결책으로 제안된, 새로운 저임금 일자리를 창출하자는 안을 지지함으로써 이러한 움직임을 오히려 강화시켜서는 안 된다는 것이다.

저임금 일자리를 확대하자는 안은, 아무리 좋게 본다 해도 매우 문제가 많은 처방이다. 이러한 정책은 실업 문제의 일시적인 완화를 가져올 수는 있지만, 장기적인 입장에서는 오히려 경제적 사회적 문제를 분명히 악화시킬 뿐이다. 이 정책은 경제성장을 활성화시키는 데 가치가 있는 총수요를 별로 창출하지도 못하며, 신규 투자자의 관심을 살 만한 새로운 기술과 지식에서 생겨나는 새로운 역동성도 제공하지 못한다. 오히려 장기적으로 추가적 비용이 들어가는 사회 문제들을 낳을 뿐이다.

20세기 초 독일 사회민주당의 지도적 인물이었던 에두아르트 베른 슈타인Eduard Bernstein*은 "사회주의 승리의 전망은 빈곤의 심화에 있지 않고 부의 증가에 달려있다"고 말했다. 실업과 관련해서도 이와 비슷하게 말할 수 있다. 실업은 사람들이 생활하기 어려울 정도의 저임금과 비숙련 노동을 통해서가 아니라 좀 더 경쟁력 있는 양질의 일자리를 통해서 해결되어야 한다.

· 이러한 맥락에서 교육과 재교육은 중요한 투자다.

· 이러한 맥락에서 새로운 정보 기술에 의해 제공된 기회들을 극대화하고 또 발전시키는 것이 중요하다.
－ 이는 직장에서뿐만 아니라 공동체 생활에서도 창의성과 혁신을 자극하
  기 위해 지식과 대중 교육을 확산시키는 수단으로서,
－ 그리고 거대한 도시 이외 지역에 더 많은 일자리를 창출하기 위해서,
－ 나아가 행정을 더욱 효율적으로—특히 서비스 부문의—만들고 더 실용

* 에두아르트 베른슈타인(Eduard Bernstein, 1850~1932). 독일 사회민주당당원으로 사회민주주의의 이론적 창시자다. 그의 주장은 이후 유럽 사회민주주의의 사상적 기초가 되었다. 1903년 드레스덴 전당대회에서 '수정주의'안이 부결되어 베른슈타인은 공식적으로는 패배하였으나 현실 운동에서는 강력한 지지를 얻었다. 주요 저술로는 "사회주의의 문제(*Probleme des Sozialismus*)" "사회주의를 위한 전제들과 사회민주주의의 과제(*Die Voraussetzungen des Sozialismus und die Aufgaben der Sozialdemokratie*)가 있다.—역주.

적인 일자리를 창출하기 위해서 필요하다.

· 이러한 맥락에서 기술과 생산물을 개선시키는 데 있어, 더욱 환경친화적인 생산으로 변화하기 위해 필요한 것들을 체계적으로 활용해야만 한다. 이런 식의 기술과 생산물의 개선은 다시 새로운 일자리들을 창출할 것이다.

· 이러한 맥락에서 스웨덴의 지리적 위치가 가지는 장점을 이용하여 성장 하는 동유럽의 시장에 기여할 수 있어야 한다.

앞에서 이미 말했듯이, 과거의 거대한 체계차원의 해결방안은 오늘날 더 이상 가능하지 않다. 그러나 함께 투입되면, 사회민주주의 이념이 그 목표로 삼고 있는 결과를 얻을 수 있는, 여러 가지 해결책들이 많이 있다.

이 중 한 가지는 노동시간과 관련한 것이다. 당연한 이야기이지만, '일자리 나누기'라는 이름으로 통상적인 노동시간을 단축시켜 실업률을 줄이는 것은 그렇게 간단하지 않다. 노동시간의 단축을, 경제가 회복돼서 다시 성장하면 보상받을 수 있는 복지개혁으로 간주하는 과거의 입장을 고수하는 것은, 어떤 경우에도 지지하기 힘든 주장이다.

산업과 서비스 부문에서 새로운 생산 질서의 성장과 급속한 생산성 증가, 노동시간과 여가시간 간의 상호작용의 증가 그리고 노동시장 유연성에 대한 요구의 증가와 더불어, 현재의 노동시간 문제는 1960년대와 1970년대의 산업사회에서 그랬던 것과는 다른 중요한 의미를 지니고 있다. 노동시간의 역할은 이른바 노동자의 '권력 강화'를 논할 때, 그리고 미래의 사회서비스의 요구를 충족시키기 위해 공공의 책임과 개인의 책임을 적절히 혼합해야 하는 필요성을 논할 때 결코 빠뜨릴 수 없는 이슈다. 이러한 이유로 복지와 고용 모두를 위해서는, 노동시간의 역할에 대한 매우 공개적인 토론이 필요하다.

민주주의

미래와 관련해서 세 번째 중요한 이슈는 민주주의의 문제다. 현 시대에 민주주의를 심각하게 위협하는 것들이 몇 가지 있다. 그 중 하나는 정치 영역에서의 행동 여지를 여러 방식으로 제한하는 거대 국제 투기 시장에 의한 위협이다. 또 다른 하나는 너무나 많은 사람들이 자신들은 더 이상 사회의 구성원이 아니라고 느끼게 만드는 사회적 불평등의 증대에 따른 위협이다. 이것은 사람들로 하여금 사회에서 준수되는 규칙과 규범 바깥에 스스로를 위치시키는 위험한 경향을 초래한다. 세 번째 위협은 많은 사람들이, 심지어는 안정된 집단의 사람들도, 사회변화에 영향을 전혀 미칠 수 없다고 느끼기 시작한 무력감이다.

이 세 가지 문제들은 서로서로 얽혀 있다. 그런데 이것은 상당수의 사람들을 배제시키고, 사회가 나아갈 경로를 결정할 수 있는, 시민들의 통제하에 있는 사회기구들의 권리를 박탈하는 경제 체제의 문제다.

국제 자본 시장을 제대로 관리하기 위해서는, 앞에서 이미 말했듯이, 국제적 협력이 필요하다. 즉 세계화된 경제는 또한 정치적 수준에서의 밀접한 협력을 필요로 한다. 하지만 이것은 정치적 민주주의에 있어서 새로운 형태의 문제를 야기한다. 왜냐하면 사람들이 이러한 방식을 통해 '시장'에 맞서는 정치에 대해 일정한 영향력을 다시 획득한다 해도, 정치적 영향력은 일반시민들 수준이 아닌 그보다 훨씬 높은 단계에서 이루어질 것이기 때문이다.

그러나 이 문제의 일부는 우리가 아직 새로운 국제적 공조에 필요한 새로운 형태를 개발하지 못했다는 점과 관련이 있을 수 있다. 우리가 현재 사용하는 방법들은 종종 편협하고 또 정치적 책임자들의 통제를 벗어나는 관료주의를 창출하는 경향이 있다. 이것들은 또한 일국의 이해와 국제적 이해 간의 문제에 있어서 책임을 공유할 것을 요구하기도 하는데, 이것은 특별히 심사숙고해서 내린 결정이 아니다. 예를 들어 EU는 초국가적 수준에서는 의미가 없는, 세세한 규제 문제들을 다루는 데 상당한 노력을 쏟고 있는 반면, 동시에 회원국들이 협력해야만 문제들이 해결될 수 있는 영역에서는 행동에 필요한 수단을 결여하고 있다. 비슷한 맥락에서 UN 역시 평화를 유지하기 위한 실질적 노력이 필요할 때, 행동에 필요한 중요한 수단들을 결여하고 있다.

초국가적 정치 협력에 대한 불신의 일부—전부는 아니라 하더라도—는 초국가 수준에서 다루어진 문제들이 그곳에서 다루어져서는 안 될 '잘못된' 문제라는 사실 때문이라고 할 수 있다. 해결하는데 있어 국제적 협력이 필요한 문제들을 제대로 다루지 못하는 무능력은 국가적, 지역적 수준에서 느낄 수 있는 어려움을 야기한다. 불필요하거나, 잘못된 국제적 규제들은 또 다른 형태의 좌절을 낳을 수 있다. 이 두 경우 모두에서 시민들은 문제에 직면하여 무력감을 느끼게 된다.

무엇보다 우선적으로 해야 할 일은, 어느 문제들이 또는 문제의 어떤 부분들이 국제적 차원에 속하고, 또 속하지 않는가를 분류하는 것이다. 이러한 분류가 일단 이루어진 후에는, 국제적 기구들이 제대로 행동하는 데 필요한, 적합한 조직구조는 물론 수단들을 가질 수 있도록 보장하는 작업을 해야 한다. 또한 국제적 규제는 일정 정도 유연성을 가져야 한다는 점을 인식하는 것이 중요하다. 서로 협력하는 나라들이 많으면 많을수록, 동일한 규칙을 모든 나라들에게 적용하기는 그만큼 더 어려워진다. 각 나라들은 결코 똑같지 않다!

　　국제적 협조는 언제나 사회민주주의에게 항상 중요했는데, 이것은 미래에—민주주의가 직면한 새로운 도전들에도 불구하고—더욱 그러할 것이다. 우리는 국제적 협력의 필요성을 부인하면서 모든 문제를 국가나 지역차원에서 자력으로만 처리하려 해서는 이러한 민주주의의 문제를 해결할 수 없다. 이렇게 하는 것은 많은 나라와 많은 사람들이 공통적으로 가지고 있는 문제에 대한 답을 찾는 방법이 전혀 아니다.

　　오늘날의 세계는 국제적 정치 협력을 필요로 하는데, 이것은 무엇보다 개별 나라들이 직면한 문제의 대부분이 서로 공통적인 문제이기 때문이다. 어떤 나라도 자본의 국제적 흐름을 자력으로 규제할 수 없으며, 어느 나라도 자력으로 환경 위협으로부터 피할 수 없다. 심지어 자국 내의 환경 문제라고 해도 이는 자력으로 해결이 불가능하다. 왜냐하면 환경을 위협하는 대기오염 물질이 바람을 타고 국경을 넘어 이동하고 오존층도 우리 모두가 서로 공유하고 있는 것이기 때문이다. 또한 어느 나라도 모든 나라의 안전과 생존의 토대, 즉 평화를 혼자서 유지할 수는 없다. 오히려 개별 나라의 안보와 안전이 다른 나라들의 안보와 얼마나 깊이 연관되어 있는가는 더욱 분명해지고 있다. 이것은 있을 수 있는 군사적 위협의 문제뿐만 아니라, 정치적 억압, 경제적 저발전, 환경 재앙, 국제 범죄 등과 같은—모든 나라들에게 해당되는—위협의 문제도 포함된다. 예를 들어 체르노빌 원전 사고는 스웨덴의 농업과 수산업에 광범위하고 장기적인 영향을 끼쳤고, 국제 마약밀매 역시 스웨덴에 여러 문제를 야기하고 있다.

필요한 협력은 여러 차원들에서 이루어져야만 한다. EU와 UN과 같이 이미 존재하는 협력기구 내에서의 다양한 국가들 간의 협력이 있을 수 있고, 또한 발트 해 인근 국가들 간의 협력처럼, 특정 문제들에 대해 공통의 관심을 보이는 국가들 간의 느슨한 협력 형태가 있을 수 있다.

또한 비정부적인 것들 간의 협력, 즉 대중운동과 다양한 형태의 자발적 조직 간의 협력, 여러 나라들의 학교와 대학들 간의 협력이 있을 수 있으며, 자매결연을 맺은 도시들 간의 협력 또는 비슷한 사회 문제를 가지고 있는 영역 간, 지역 간의 협력이 있을 수 있다. 이것은 아주 다양한 종류의 구체적 프로젝트에 대한 협력을 포함할 수도 있으며, 경험을 나누거나, 여론을 형성하는 것일 수도 있다. 이것은 특히 무엇보다도 우리 시대에 강력한 자본의 이해를 견제할 수 있는 대항세력을 형성하는 문제일 수도 있다. 그런데 이러한 대항세력의 형성은 국경을 초월한 노동조합들 간의 새로운 협력 형태, 소비자들의 조직화된 행동, 기업들의 사회적 책임을 요구하는 국제적 정치 협정 등을 통해 이룰 수 있다.

사회민주주의에 있어서, 필요한 새로운 협력 형태를 만드는 일,

그리고 다양한 차원의 협력에 참여하는 것은 둘 다 중요한 일이다. 이것은 중앙당의 과제일 뿐만 아니라, 지방의 정당조직과 개별 당원들의 과제이기도 하다. 만일 국제적 협력을 단순히 초국가적기구의 문제로만 여긴다면, 우리는 '국제화는 일반 시민이 행사하는 영향력의 상실을 의미 한다'고 사람들이 느끼는 것을 수긍할 수 있을 것이다. 그러나 만일 국제적 협력이 다양한 차원에서 다양한 채널을 통해 그중 많은 것들은 지방 당조직 차원에서 시작하면서 이루어진다면, 국제적 협력을 일반시민이 사용할 수 있는 수단으로 여기는 것 또한 가능하다.

우리는 민주주의의 또 다른 면, 즉 지역에서의 일상적 활동을 잊어서는 안 된다. 이것은 우리가 앞서 공공부문을 다루면서 논의했던 것이다. 이러한 형태의 일상 민주주의는 중앙 조직에 요구를 하거나 중앙조직의 변화를 시도하여, 중앙조직이 지역의 조직형태와 손발이 맞게끔 만든다. 또 이러한 민주주의는 새로운 요구를 하면서 여러 정당들과 대립하기도 한다. 왜냐하면 이러한 형태의 민주주의는 단지 정당들 간의 문제가 아니기 때문이다.

오늘날의 정당들은 기본적으로 의회 정당, 즉 압도적으로 국가적 차원의 문제들을 주로 다루는 정당이다. 우리는 이러한 문제들을 둘러싸고 이념적 대립과 이해의 갈등이 가장 분명하게 나타나는 것을 볼 수 있다. 그런데 이러한 이념적 대립은 지방정치가 점점 더 부담스럽게 여기는 업무들, 특히 재분배 정치와 관련된 사안에서도 어느 정도 발견할 수 있다. 그러나 지방 정부의 어떤 부분에서 정말로 중요한 것은 이러한 이념적 대립이 아니다. 예를 들어 새로운 도로를 내는 문제, 건물을 짓고

건설할 새로운 지역의 문제를 둘러싼 종종 뜨거운 논쟁은 전혀 다른 형태의 목표 갈등 또는 이해갈등이라고 할 수 있다.

지역의 민주주의 활동에서 생겨나는 여론집단과 행동집단―환경단체, 학부모연대, 연금생활자 모임 등―은 전통적 정당과는 다른 기준과 목표를 따라 조직화되었지만, 그들은 정당과 마찬가지로 민주주의 과정에서 중요한 역할을 담당한다. 그들은 사실상 전통적 정당이 채울 수 없는 역할을 수행한다. 그들의 역할은 매우 다른 것들인데, 사회를 전체적인 관점에서 조망할 필요가 있을 때 이를 대변하는 일, 그리고 튼튼한 가치체계 내에서 서로 다른 요구들 간의 균형을 잡아주는 일이 이에 해당된다. 후자와 관련하여 그들의 임무는 바로 공동체의 자원을 둘러싼, 서로 대립하는 다양한 요구와 주장을 비교, 검토하는 것이다.

여기서 우리는 서로가 경쟁하는 사회가 아닌, 서로를 보완해 줄 수 있는 사회에 참여하기 위한 몇몇 다양한 기회들에 대해 말하고 있다는 것을 깨닫는 것이 중요하다. 아마도 정당들은 이들 여론집단과 행동집단들을 대신하거나 모방하려 들지 않고 어떻게 이들과 더 나은 방식으로 협력할 것인가를 배울 필요가 있을 것이다. 또한 정당은 새롭고 좀 더 개방적인 형태의 활동을 모색할 필요가 있다. 하지만 정당은 동시에 유달리 정당 정치를 특징지우는 것, 즉 거시적 시각을 주장할 수 있는 능력을 용기 있게 유지해야만 한다.

마지막으로, 민주주의의 생존 문제는 사회의 모든 구성원이 사회에 참여할 수 있고 또한 사회에 의해 존중되고 있다는 것을 느낄 수 있도록 보장하는 문제다. 민주주의의 근본 원칙은 개별 시민들이 자신의 투표를 통해 정치적 의사결정에 참여할 수 있는 권리를 가지는 데 있다. 모든 시민들이 누구나 평등한 한 표의 선거권을 가진다는 것은, 즉 모든 시민들의 중요성과 가치가 평등하다는 말이다. 이러한 평등한 가치는 사회가 시민들을 대하는 방식에 그대로 반영되어야만 한다. 우리는 시민들을 중요한 사람과 덜 중요한 사람, 상층과 하층의 사람, 모든 이득과 권리를 가진 사람과 다른 사람의 특권을 유지시켜주기 위해 저임금과 열악한 노동조건을 감수하면서 보다 나은 미래에 대한 희망도 없이 사는 사람으로 분류할 수 없다. 이런 식으로 시민들을 나누고 또 실제로 상당수의 시민들을 배제시키고 격하시키는 그런 사회에서 민주주의는 결코 유지될 수 없다. 그런 사회에서는 무관심과 불신, 사회에 대한 노골적 증오가 만연해 질 것이다.

우리는 이미 이러한 징후들을 실업의 확산과 저임금 일자리의 증가 속에서 보고 있다. 이것은 국가 관료제의 조직적 개혁이나 국회의원을 선출하는 방식 같은 것을 통해서 피해갈 수 있는 그런 차원의 위협이 아니다. 이러한 위협은 그것을 낳은 원인, 즉 사회적 불평등, 사회적 배제, 사회적 차별에 대한 공격을 통해서만 피할 수 있다.

다시 말하지만, 우리에게 필요한 것은 사회적 불평등을 없애려는 정책이지, 새로운 사회적 불평등을 야기하는 정책이 아니다. 우리에게 필요한 정책은 소수만이 성공하고 부자가 되는 기회를 제공하는 정책이 아니라, 모든 사람을 위한 공동선을 목적으로 하는 정책, 즉 평등을 위한 정책이다.